Evelyne
Stein-Fischer

Flippern mit Großvater

Für einen besonderen Großvater

.

Flippern mit Großvater
oder die Geschichte vom Unheimlichen

von
Evelyne Stein-Fischer

KINDERBUCH
J&V
JUGEND & VOLK

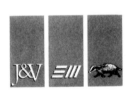

ISBN 3-224-11405-3

© 1994 by J&V • Edition Wien • Dachs-Verlag Ges. m. b. H.,
Wien
Alle Rechte vorbehalten

Umschlag: Barbara Resch
Druck und Bindung: Wiener Verlag
94 07 27/50/1

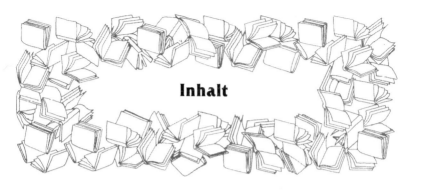

Inhalt

Ein seltsamer Ort

Ich wußte, eines Tages, wenn ich erwachsen bin und irgendwo in der großen weiten Welt zu Hause, würde ich an den Ort zurückkehren, an dem das Magische haust, und in meine Unheimlich-Welt von damals eintauchen, als könnte ich von einer Sekunde zur anderen wieder ein Kind werden.

Und genauso ist es! Ich stehe mit meinen eigenen Kindern vor dem halb verfallenen Gebäude, in einer seltsamen Straße, an einem seltsamen Ort, an dem es Menschen gab, zu denen der Unheimliche zählte, der mich oft nachts nicht schlafen ließ und tagsüber Gruselschauer über meinen Rücken jagte. Die Tür zur über hundert Jahre alten Buchhandlung, durch die schon mein Urgroßvater gegangen war, ist noch vorhanden. Plötzlich kann ich alles genau spüren, sehen, riechen. Es ist wie damals. Ich sitze in dem mächtigen Raum des Geschäftes, in dem ich so viele Nachmittage verbracht habe. Ich bin wieder ein Kind. Ich bin gefangen.

Sogar das Geräusch ist wieder da ...

Dieses furchtbare Geräusch! Es fährt durch mich hindurch, säge-säge-säge, kleine Säge durch meinen Bauch.

Ich halte den Atem an, die Angst stülpt sich über mich wie ein dunkler Sack. sie hält mich gefangen, sodaß ich mich nicht rühren kann. Hört das Geräusch denn keiner außer mir?

Alle in diesem Raum sind beschäftigt. Wie so oft bin ich mir selbst überlassen. Großvater sitzt an seinem Schreibtisch und schreibt. Die Buchhalterin rechnet, die Sekretärin tippt, der Buchhändler blättert in Katalogen. Arbeiten, bei denen ich keinen stören darf.

Nun hat das Tippen aufgehört.

Der Raum ist groß.

Der Raum ist still.

Bis auf das schreckliche Geräusch.

Jetzt! Jetzt werden sie abgeführt, jetzt drängen sie sich in Todesangst aneinander, jetzt hebt einer das große scharfe Messer, ich bohre beide Zeigefinger in die Ohren, ich will nicht, daß es geschieht ...

Das verzweifelte hohe Quieken der Schweine schräg gegenüber im Schlachthof dringt auch durch zugestopfte Ohren. Die Sekretärin blickt kurz hoch, graue Fischaugen über großer Brille, roter Mund, rote Fingernägel, wie Blutstropfen. Sie heißt Paula. Ich kann sie nicht leiden. Auch sie mag mich nicht.

„Drüben schlachten sie wieder!" sagt sie zu Großvater.

„Die armen Viecher!" sagt Großvater, ohne aufzuschauen.

„Kannst du nichts dagegen tun?" bitte ich ihn, bevor sie mich wieder vergessen und mich mit meiner Angst allein lassen.

Großvater kann doch alles. Er kann einen großen starken Mann am Kragen packen und vor die Tür setzen, er kann mich und Großmutter aus einem steckengebliebenen Aufzug befreien, er kann wie ein Pfeil einen Berg hinabrodeln, und sein bester Freund ist ein Präsident.

„Nein", sagt Großvater. „Ich kann den armen Schweinen nicht

helfen, das muß so sein auf der Welt, daß Tiere getötet werden, damit wir Menschen etwas zu essen haben."

„Dann will ich nicht mehr, daß du mir vom Fleischer eine Wurst-semmel kaufst!"

„Na, wir werden noch sehen, wenn der nächste Hunger kommt", sagt Großvater und lacht.

Großvater sollte nicht lachen! Am liebsten möchte ich weg-laufen, weit weg, bis ans Ende der Straße, jenseits des lärmenden Obstmarktes, und um die Kirche herum. Denn hinter der Kirche beginnen die Hügel, und wenn man über die Hügel läuft, steht man mitten in der weiten Welt.

Auch die hundert Jahre alte Buchhandlung meines Großvaters ist eine kleine Welt. Für mich bedeutet sie Höhle, Burg, Labyrinth. Sie ist nicht nur ebenerdig, sondern auch oberirdisch und un-terirdisch und zieht sich quer durch ein aschgraues Haus. Sobald man die belebte Straße verläßt, wird man mit einem einzigen Schritt vom geheimnisvollen Halbdunkel des gewaltigen Raumes umfangen. Er ist hoch und kühl, beinahe wie eine Kirche, mit run-den Mauerbögen und einem beeindruckenden Gewölbe. Die Wän-de sind bis zur Decke vollgestopft mit Büchern, manchmal ent-schwinden die Helden aus ihnen und gehen auf den schiefen Re-galen spazieren. Sie rufen mir zu, daß ich mit ihnen kommen soll, und zeigen mir Dinge, über die ich nicht rede. Dieser Ort hier ist ein seltsamer Ort, der zu wachsen scheint, kaum daß man ihn be-tritt: von Ecke zu Ecke, von Schatten zu Schatten, von Gang zu Gang. Manche der vielen kleinen Stufen ächzen wie verwundete Geister. Auch die Eingangstür hat eine Stimme. Manchmal miaut sie wie ein verlassener Kater, dann wieder schreit sie wie ein fer-nes Gespenst, während der Holzboden knarrt und die große Uhr an der hohen Wand laut tickt.

Eines meiner Verstecke befindet sich auf einer verborgenen Treppe, die hinauf zu einer mächtigen Galerie führt. Sie überdeckt wie ein Balkon mit einem dicken dunklen Holzgeländer die Hälfte des Raumes. Dort oben habe ich meinen Tisch mit einer eigenen Schreibmaschine, und hier steht auch ein meerblaues Sofa, auf dem man ungestört träumen kann.

Manchmal gehe ich bis zum Geländer vor und beobachte heimlich die Kunden. Ein andermal ziehe ich mich bis in den hintersten Winkel zurück, dort, wo sich der schlammgrüne Vorhang befindet, den ich nicht berühren darf. Hinter diesem Vorhang habe ich zum ersten Mal den Unheimlichen gesehen.

Auch in die unterirdischen Räume, in denen das Dunkel flüstert, darf ich nicht hinein. Zu ihnen gehört der Kohlenkeller, in dem ein schwarzer Geist wohnt. Hinter einer Eisentür stürzt eine steile Treppe in diesen Keller hinab, und sogar meine Großmutter behauptet, daß dort „das Magische" haust. Es zieht mit unsichtbarer Hand absonderliche Gestalten hierher, und einige von ihnen wohnen schon seit hundert Jahren als verwandelte Wesen in den dunkelsten Nischen.

„Unser Geschäft ist ein magischer Ort, der bloß Spinner und kleine Diebe anzieht", schimpft die Großmutter.

Es nimmt jeden auf andere Art gefangen. Die Geborgenheit wohnt gleich neben dem Fürchten, und wenn ich mich genug gefürchtet habe, flüchte ich zu Großvater, der die Geister und die Gespenster vorübergehend kleinlachen kann. Zum Fürchten gehören aber nicht nur die dunklen Räume, sondern auch diese schrecklichen Geräusche - säge-säge-säge, kleine Säge durch meinen Bauch ...

Und doch ist dies der Ort, an dem ich trotz des Schreiens der Schweine am liebsten bin. Sie schlachten ja nicht täglich, oft hört man keinen einzigen Laut. Dann hoffe ich jedesmal, sie haben den Schlachthof zugesperrt und die Schweine müssen nicht mehr dorthin.

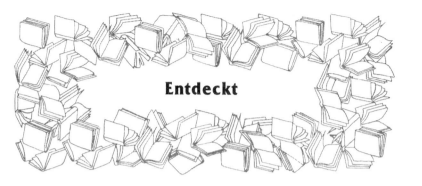

Entdeckt

Wenn meine Eltern wieder einmal bis spät abends in ihrem Kaffeehaus arbeiten müssen, fahre ich nach der Schule direkt in Großvaters Buchhandlung. Hier darf ich manchmal beim Bücherauspacken helfen, wenn eine Lieferung angekommen ist. Dann lese ich dem Herrn Leo, unserem Buchhändler, die Preise von einer Buchliste vor, und er schreibt die Zahl mit einem weichen Bleistift rechts oben auf die erste unbedruckte Seite. Ich darf auch beim anschließenden Einordnen in die Regale helfen, da mache ich schon einmal Bekanntschaft mit Moby Dick, Sherlock Holmes oder der Kaiserin Elisabeth. Die Themen-Schilder in der Buchhandlung lesen sich wie ein Wegweiser durch die halbe Welt, und nicht weit von Großvaters Schreibtisch befindet sich eine Wand nur mit Kinderbüchern.

Oft helfe ich Großvater auch bei der Arbeit, die er an dem großen grünlackierten Tisch erledigt.

Solche Nachmittage sind hell und luftig.

Doch wenn ich in meine geheimen Räume verschwinde, hinein in meine eigene Welt, dann haben die Nachmittage ganz andere Farben: Nachtblau und Erdbraun, Glutrot und Flaschengrün.

Eines Tages kauere ich in meinem Versteck auf der Treppe zur Galerie. Die Treppe führt an einem dicken Milchglasfenster vorbei, das einen Teil der Buchhandlung vom Stiegenhaus trennt. Zwar kann man weder hinaus- noch hereinsehen, doch hin und wieder gelingt es mir zu hören, was die Leute jenseits der Scheibe reden. Da vernehme ich, wie eine tiefe Männerstimme sagt: „Einmal bring' ich diesen Kerl um! Sie werden schon sehen!"

„Nein, danke", entgegnet eine dünne Stimme. „Sehen muß ich es nicht gerade. Aber man sollte diesen gefährlichen Menschen so schnell wie möglich wieder hinter Gitter bringen, man traut sich ja nicht mehr allein ins Haus!"

„Übrigens scheint er seit drei Tagen verschwunden zu sein, wer weiß, wo der ..."

Plötzlich aber verstummt die Stimme.

Wer ist dieser Mann, der schon im Gefängnis war? Was hat er verbrochen? Und wenn er ein Mörder ist? Vielleicht versteckt er sich sogar hier im Geschäft? Plötzlich fliegt etwas mit festem Schlag gegen die Scheibe, als ahnte jemand, daß ich dahinter lausche. Erschrocken flüchte ich auf die Galerie.

Ob ich Großvater von dem Gehörten berichten soll? Großvater ist einer, der sich nicht fürchtet. Manchmal fährt er mit seiner großen breiten Hand über meinen Kopf und streicht auch meine Angst fort. Aber nicht immer gelingt es ihm. Manchmal bleibt die Angst bei mir, und ich muß mit ihr kämpfen: als Spion, als Herrscher vom Mars, als Superman.

So wie jetzt, nach diesem unheimlichen Gespräch.

Ich schleiche mich hin zu dem schlammgrünen Vorhang, hinter dem sich der Raum mit dem „Loch zur Unterwelt" befindet. Er zählt zu den streng verbotenen Räumen und ist angefüllt mit schauerlicher Schwärze und Jahrhundert-Staub. Er besitzt weder Licht noch Türen, dafür aber diesen Vorhang, hinter dem die Schatten tanzen.

„Daß du mir den Vorhang nicht anrührst, Kind!" tönt Großvaters Stimme plötzlich herauf, als hätte auch er meine Tarnkappe fortgerissen, wie vorhin die beiden Gestalten im Stiegenhaus.

„Ich fass' ihn nicht an!" rufe ich hinunter. Eilig schlichte ich hörbar Bücher in den Regalen, bis Großvater wieder in seine Arbeit vertieft ist. Ich weiß sehr gut, weshalb ich den Vorhang nicht anfassen soll, denn dahinter, etwa zehn Schritte von mir, hat der Holzboden ein alptraumtiefes Loch. Das Loch zur „Unterwelt". Großvater sagt, er habe das Geschäft schon mit dem Loch übernommen, und keiner habe ihm sein Entstehen erklären können. Doch wenn er alles, was hier kaputt ist, richten müsse, würde es ein Vermögen kosten. Das Loch ist so groß, daß sich ein Mann leicht darin verstecken könnte. Wie ein Magnet zieht mich jetzt der Vorhang an, der die eine Welt von der anderen trennt. Vorsichtig teile ich die schweren Stoffbahnen, mein Herz pocht in den Fingern, ich beuge den Kopf in das Dunkel. Genau in diesem Augenblick glaube ich im spärlichen Lichteinfall eine Gestalt zu erkennen, die blitzschnell in der Vertiefung verschwindet.

Dort unten sitzt der Unheimliche versteckt, der schon seit drei Tagen verschwunden ist! Er überfällt die Leute mit einem harten, kalten Schlag, mit so einem Schlag, wie vorhin gegen die Milchglasscheibe ...

„Ich hab' Sie entdeckt!" rufe ich im Flüsterton. „Verschwinden Sie!"

Das Loch hüllt sich in dichtes Schwarz und erstickt jedes Geräusch.

„Ich hole meinen Großvater! Mit dem ist nicht gut Kirschen essen!"

Den Ausdruck habe ich von Großvater selbst. Er ist als Warnung gedacht.

Kein Ton dringt aus dem Dunkel, und doch verbirgt sich jemand in dem Loch; ich bin mir ganz sicher, daß ich ihn atmen höre.

„Du könntest uns helfen!" ruft Großvaters Stimme plötzlich wieder herauf und holt mich blitzschnell zurück. Das Licht auf der Galerie fühlt sich gut und warm an, das gewohnte Tippen der Paula klingt tröstlich in meinen Ohren. Ich stehe wieder mitten in der Arbeitswelt der Erwachsenen, zu der ich manchmal gehöre.

Ich bin Daniel.

Ich bin wichtig.

Ich bin Großvaters Privatsekretär.

„Na komm schon, was ist denn, Sekretär Daniel? Ich hab' eine Aufgabe für dich!" ruft Großvater ungeduldig.

Großvaters Aufgaben mag ich. Sie haben mit Dingen zu tun, von denen in meiner Klasse keiner etwas versteht. Denn Großvater ist eigentlich kein richtiger Buchhändler, er hat das Geschäft nur von *seinem* Großvater geerbt und möchte es nicht aufgeben, weil es etwas Besonderes ist. Einbringen tut es fast nichts, obwohl es sogar ein Antiquariat hat, mit sehr alten, oft seltenen Büchern.

„Wieso kaufen so wenig Leute bei uns?" frage ich Großvater.

„Das hier ist ein schlechter Bezirk für Bücher", erklärt er.

„Hier arbeiten die Leute, um etwas zu essen zu haben und nicht um zu lesen."

„Und wovon bezahlst du die vielen Bücher in den Regalen?"

„Von den Einnahmen aus meinen beiden Zeitungen."

Denn Großvater ist in Wirklichkeit Zeitungsverleger und Journalist. In dem gewaltigen Raum ist auch ein kleiner Fachverlag untergebracht. Die eine Zeitschrift berichtet über Schuhe, eine andere über Fahrräder. Deshalb steht auf unserem Schild über dem Geschäftseingang:

BUCHHANDLUNG, ANTIQUARIAT UND VERLAGSANSTALT

Großvater kann so vieles und war doch nie ein guter Schüler. Das gefällt mir.

Die Mutprobe

„Los, hol deinen Bleistift und deinen Block, Sekretär Daniel, und setz dich zu mir", sagt Großvater jetzt. Ich schiebe meinen Klavierhocker heran, weil man den hochschrauben kann, sodaß ich in Sekundenschnelle wachse und auf gleicher Augenhöhe mit der kalten Paula bin, die uns gegenüber ihren Platz hat und mich mit keinem Blick beachtet. Ich aber darf neben Großvater sitzen, direkt an seinem breiten grünlackierten Tisch, an dem er schreibt, diktiert und Texte verbessert. Die Oberfläche spiegelt zwischen den Stapeln Papier, der Schere, dem Bleistift, dem Lineal und der Füllfeder. Ganz nah führe ich mein Gesicht an die Tischplatte heran, und es ist, als würde ich in einen See hineinblicken, tief, bis an den Grund, und auf dem Grund schauen mich zwei Augen an, schauen in mich hinein. Hin und her wiege ich den Kopf, und die Augen gehen mit jeder Bewegung mit – plötzlich sind es ganz andere Augen, die mich von unten her anstarren, sie gehören dem...

„Was machst du denn da? Willst du mit der Nase staubwischen?" Großvater schiebt mir ein großes liniertes Blatt zu. „Schreib heute besser hierauf statt auf deinem kleinen Block. Für die nächste Ausgabe haben wir viele Anzeigen bekommen!"

Wir – das heißt Großvater und ich. Und er meint Werbeanzeigen für die nächste Ausgabe der Zeitung.

Nun diktiert mir Großvater langsam die Namen jener Schuhfirmen, die Inserate aufgeben möchten. So weiß er auf einen Blick, wieviel die Zeitung an Einnahmen bringt, und kann überlegen, wie er Text und Werbung am besten einteilt. Neben die betreffenden Namen muß ich auch die Größe und das Format der Inserate ordentlich untereinander schreiben.

„Kannst du dir vorstellen, daß einer der Schätze, die ein Beduine besitzt, Schuhe sind?" fragt Großvater plötzlich. „Ich habe auf meinen Reisen einen Beduinen kennengelernt, der hatte ein paar Schuhe, auf das er besonders stolz war. Sein Sohn trug den linken und seine Tochter den rechten Schuh!"

„Und für mich wäre ein Fahrrad der größte Schatz", entgegne ich. „Mit zwei Rädern. Eines vorn und eines hinten!"

„Und einem Propeller zum Fliegen", meint Großvater lachend und greift nach meiner Liste, um sie mit seinen Aufstellungen zu vergleichen. Ihm fällt auf, daß ich einen Namen vergessen habe.

„Du mußt schon ordentlich aufpassen! Du kannst nicht einfach eine halbe Seite Inserat unter den Tisch fallen lassen!"

„Soll nicht doch lieber *ich* die Namen auf der Schreibmaschine tippen?" fragt die Sekretärin spitz und wirft mir über die rosa gepuderte Nase einen abschätzigen Blick zu.

„Sie haben genug mit unserem Bericht für die Messeausgabe zu tun, Paula", sagt Großvater. „Daniel schafft das schon, oder er wird als Sekretär entlassen!"

Aber ich weiß, daß er scherzt. Nie wird er mich entlassen – ich bin sein Privatsekretär im Verlag, sein Co-Pilot im Auto, sein Verteidiger, wenn Großmutter schimpft, weshalb wir so spät nach Hause kommen. Manchmal nimmt mich Großvater sogar zu Messen und Ausstellungen oder zu einer Geschäfteröffnung mit. Und Großvater ist stolz auf mich und ich auf ihn.

Die Leute empfangen uns besonders freundlich: „Guten Tag, Herr Chefredakteur. Oh, heute haben Sie ja den Junior mitgebracht!"

Ich finde den „Junior" blöd, und beim ersten Mal habe ich mich umgeblickt und den Junior gesucht.

„Der bist du", hat Großvater gesagt, und alle haben gelacht. „Ich bin nämlich der Senior und würde gerne mit dir tauschen!"

Großvater ist der einzige, der mit mir tauschen würde. In der Klasse will das niemand. Ich habe einen Freund, den Toni, der ist der beste Fußballer im Team, und Hannes kann prima seilklettern, und Andreas ist der hellste in Mathematik. Ich kann beim Entstehen einer Zeitung mithelfen und kenne mich mit den Kinderbüchern aus, aber das zählt bei den anderen nicht so viel wie ein guter Kicker oder Turner.

Ich bin froh, daß ich wenigstens für Großvater wichtig bin. Er winkte bei der Eröffnung des Verkaufslokales seinen besten Freund, den Präsidenten des Fahrradverbandes, herbei: „Komm her, Präsident, ich möchte dir meinen Privatsekretär Daniel vorstellen!"

Und der Präsident sagte: „Dein Großvater hat mir schon oft von dir erzählt, und ich weiß, wie tüchtig du bist!"

Ich könnte noch ganz woanders tüchtig sein – nämlich den wenigen Kindern, die sich zu uns herein verirren, die richtigen Bücher verkaufen! Der Herr Leo ist zwar gelernter Buchhändler, aber er versteht nicht viel von Kindern, und Großvater kennt nur mich und behandelt mich fast nie wie ein Kind. Aber die Kunden bedienen läßt er mich doch nicht, das macht er lieber selber, wenn es ihm gerade Spaß macht und der Buchhändler beschäftigt ist.

Er geht mit großen festen Schritten zum sieben Meter langen, kastanienbraunen Verkaufspult.

„Sie wünschen?" fragt Großvater mit strahlendem Lächeln.

„Ein Buch für einen zehnjährigen Jungen, bitte."

„Das werden wir gleich haben!"

Großvater steuert zielsicher auf die Regale mit den Kinderbüchern zu und entscheidet schnell. Er zieht ein besonders buntes Exemplar hervor und knallt es temperamentvoll auf den Ladentisch.

„Das ist genau das Richtige!"

Der Kunde blickt ein wenig ratlos auf das Buch und schüttelt bedauernd den Kopf.

„Nein, das ist es leider nicht."

Großvater legt noch ein, zwei andere Titel vor, die ebenso wenig Gefallen finden. *Ich* wüßte schon, was ich dem Zehnjährigen empfehlen würde, aber Großvater hört nicht, was ich ihm einsage.

Endlich ist der Buchverkäufer frei und der Kunde gerettet. Großvater hat zwar viel gelesen, aber er ist ein schlechter Verkäufer. In seinem wirklichen Beruf ist er jedoch erfolgreich, und die Leute mögen ihn. Denn wo Großvater auftaucht, verbreitet er fast immer gute Laune.

Aber er kann auch anders sein.

Wehe, jemand ärgert ihn oder gibt ihm eine dumme Antwort. Dann verwandelt er sich in ein Gewitter. Seine Augen blitzen, seine Stimme klingt wie Donner, und Großvater wird zu einem Fremden, vor dem ich mich fürchte. In so einem Augenblick wünsche ich mich weit fort oder möchte in den Erdboden versinken. So wie damals, als ich von Großvater in einem der verbotenen Räume überrascht wurde.

Zu diesen Räumen gelangt man durch eine hohe dunkelbraune Flügeltür, über einen langen schmalen Gang, finster wie ein Tunnel. Dort ruhen sich tagsüber die Gespenster aus. Dieser Gang führt zu Großvaters Privatreich, vorbei an vielen Räumen und Kammern, von denen einige Türen nie, andere nur selten geöffnet werden. Sie verbergen jahrhundertealtes Gerümpel, steinschwere fleckige Bücher und beschädigtes Dekorationsmaterial, oftmals so groß wie Theaterkulissen, da unsere Auslagen hoch sind, hoch wie der Himmel. So vergeht kein Tag, an dem ich nicht tief in die Geheimnisse vergangener Zeiten eintauche und etwas Seltsames entdecke: schwarze Eisengewichte, eine stumme Trompete, ein halbes Fahrrad, eine steinerne Eule mit Glasaugen, die urplötzlich lebendig werden. Ein andermal einen nachtblauen Krug mit einer hellen Flüssigkeit darin, ein regenbogenfarbenes Öllämpchen, eine hölzerne Kaffeemühle, in deren Schublade eine goldene Münze verborgen liegt. Meine Zaubermünze.

Die Gegenstände sind von Geschichten und winzigen Wesen bewohnt, zu denen ich in besonderen Augenblicken sprechen kann.

„Ich bin ein Geheimnis", hat mir die Münze in der Kaffeemühle einmal zugeflüstert.

„Und was erzählst du mir?" habe ich sie gefragt.

„Nichts. Sonst wäre ich kein Geheimnis. Du mußt meine Geschichte erraten."

Also rate ich: Ich sehe einen Ritter, der auf einem schwarzen Pferd von Burg zu Burg reitet, um die Zaubermünze zu finden, die Menschen unsichtbar machen kann. Durch Zufall blickt der Ritter in ein offenes Küchenfenster und sieht, wie ein junges Mädchen die Münze hastig in der Schublade einer kleinen Kaffeemühle versteckt ...

„Falsch", unterbricht mich die Münze. „Zur Zeit der Ritter gab es in den Burgen noch keinen Kaffee."

Daraufhin schweigt die Münze, und ich muß die kleine Lade wieder schließen. Bis zum nächsten Mal ...

Eines Tages entdecke ich im Licht der Glühbirne eine Holzdose. Behutsam mache ich den Deckel auf. Da liegt ein toter Käfer darin, stumpfschwarz, mit drei Beinen. Die übrigen befinden sich in einer Ecke der Dose. Als ich sie sanft rüttle, verursacht der tote Käferkörper ein trockenes hohles Geräusch.

„Käfer, Käfer, erwache zum Leben", beschwöre ich ihn leise, und das fahle Licht beleuchtet seinen Panzer, strahlt ihn an, läßt ihn wachsen. Die losen Beine kriechen aus den Ecken hervor und richten sich auf ... Erschrocken von der eigenen Zaubermacht, lasse ich die Dose mit dem Käfer fallen. Dabei hüpft der Käfer heraus und stürzt in den Spalt zwischen dem kaputten Schrank und einer hochgestellten schweren Matratze. Eng ist der Spalt, viel zu eng für meinen Arm, die Hand bleibt stecken. Doch ich muß meinen halb lebendig gewordenen Käfer finden! Denn dort, wo die Gegenstände keine Schatten mehr werfen, weil die Dunkelheit alle Umrisse schluckt, beginnt das Nichts. Und was im Nichts verschwindet, macht sich selbständig über alle Gedanken hinweg ...

Zum Glück entdecke ich eine vergessene Zündholzschachtel, einige Hölzer befinden sich noch darin. Es gefällt mir, das kurze Feuer zu entfachen und den allerletzten Moment hinauszuzögern, bevor ich die Flamme lösche. Das ist meine kleine Mutprobe! Ich bin nicht wehleidig, die anderen in der Klasse wissen es nur nicht. Hier bin ich ein Held.

Wunderschön brennt die Flamme, blau und orange. Lautlos arbeitet sie sich dicht an Daumen und Zeigefinger heran. Erst als das Feuer allzu scharf in die Haut sticht, blase ich es mit einem einzigen kräftigen Atemzug aus. Gleichzeitig lasse ich das verkohlte Hölzchen aus der Hand fallen. Es fällt in den Spalt, in dem der Käfer liegt. Es riecht nach leicht verbranntem Holz. Ich mag diesen Geruch. Doch plötzlich wird er stärker. Ein Rauchfaden steigt zwischen Matratze und Schrank hoch. Als ich in den Spalt hineinsehe, packt mich der Schrecken: Da unten glost es, der Stoff und die Heufüllung haben von dem verglühenden Holz Feuer gefangen. In Panik greife ich nach dem großen blauen Krug mit der Flüssigkeit, er ist fast voll. Hastig schütte ich ihn auf das beginnende Feuer. In diesem Augenblick höre ich die Schritte Großvaters auf dem Gang.

„Was machst du denn da drinnen, Daniel? Du sollst doch nicht hinein in diese Räume!" sagt er ärgerlich.

Plötzlich steht Großvater hinter mir. „Hier riecht es so komisch, was ist denn da los? Und was machst du mit dem Krug in der Hand?" Sein Blick fällt auf die leere Zündholzschachtel. „Sag, bist du verrückt geworden!"

Großvaters Stimme klingt jetzt ganz anders, gefährlich dunkel.

„Du spielst hier mit Feuer, wo in Sekundenschnelle alles lichterloh brennen kann! Wo ist dein Verstand geblieben!" brüllt Großvater so laut, daß man es sicher über den langen Gang bis durch die hohe Flügeltür hören kann. „Und was hättest du gemacht, wenn nicht Wasser in dem Krug gewesen wäre?"

„Ich hätte dich gerufen!"

„Und ich hätte nur zu spucken brauchen, und der Brand wäre gelöscht, oder wie stellst du dir das vor? Gerade hier, wo alles vollgestopft ist mit Holz und morschem Gerümpel, mußt du so eine Irrsinnsidee haben!"

Großvaters Zorn ist so gewaltig, daß alles, was in diesem Raum ein Zauber war, zerbirst.

„Raus jetzt, aber schnell!"

Großvater versperrt die Tür.

Er versperrt die Tür zu meiner Zauberkraft und zu meinem Käfer, der nicht lebendig werden durfte.

Der weiße Hund

Zum Glück befindet sich gerade eine Kundin im Geschäftslokal, und sie lenkt Großvater von mir ab. Den Zorn hat Großvater jetzt vergessen, der Zorn überfällt ihn wie ein Sturm, und wenn der Sturm vorbei ist, ist Großvater wie immer.

Bei der Kundin handelt es sich um die violette Gräfin, die nicht nur viel zu erzählen weiß, sondern auch Bücher kauft und zu unseren wenigen Stammkunden zählt. Ihren Namen hat sie von unserem Buchhändler, dem Herrn Leo, verliehen bekommen. In Wirklichkeit heißt sie Frau Wollabek, doch sie trägt nur fliederblaue Kleidung und lila Hüte, groß wie ein Kutschenrad. Sie hat den mir verhaßten Fuchspelz um den dicken Hals geschlungen, und der flache Fuchskopf liegt auf einer ihrer mächtigen Brüste und schaut mich traurig an. Die Gräfin aber lacht und erzählt wie immer von den Sternen. Großvater bittet sie an seinen Schreibtisch, und sie nimmt auf einem eiligst herangeschobenen Fauteuil Platz, in dem die Motten wohnen.

„Hoffentlich zerdrückt sie keine mit ihrem Hintern", raunt mir Herr Leo zu, der eine Spinne in die Hand nehmen und mit den Fliegen sprechen kann.

Da wendet sich die violette Gräfin an mich: „Weißt du eigentlich, Daniel, welches der erste und hellste Stern ist, der am Abendhimmel zu sehen ist?"

„Der Nordstern?"

„Gar nicht so schlecht! Der ist der hellste Stern im Sternbild des Kleinen Wagen. Aber der Planet Venus ist das hellste Gestirn überhaupt. Und eine Sage erzählt, daß er sein strahlendes Licht am Feuer der Sonne entzündet und damit alle anderen Sterne wie mit einem Zündholz entfacht."

Da zeigt mir Großvater einen drohenden Zeigefinger.

„Hat er was angestellt, der Bub?" fragt die violette Gräfin.

„Es ist noch einmal gut gegangen", meint Großvater bloß. „Lassen wir das."

Der Vorfall ist eine Sache zwischen ihm und mir, Großvater plaudert nichts aus.

„Stellen Sie sich vor, Herr Redakteur, wenn wir eines Tages da hinauf könnten, zur Venus oder zum Mond", sagt die Gräfin.

„Hinauf vielleicht, aber nicht mehr herunter", meint Großvater. „Lesen Sie Jules Vernes Buch ‚Die Reise zum Mond' und Sie können sich ein bißchen vorstellen, was Sie erwartet."

„Also ich glaub' nicht, daß sich irgendwann ein Mensch hinaufschießen lassen wird!"

„Ein paar Verrückte gibt es immer", sagt Großvater.

„Und Mutige auch", mische ich mich ein.

„Würdest du dich denn für eine Fahrt zum Mond melden?" fragt die Gräfin.

„Warum nicht?" sage ich kühn.

Die Gräfin weiß nicht, daß ich manchmal dem Mond ganz nahe bin. In seinem schimmernden Licht wohnt nämlich der „Mann im Mond", und an einer bestimmten Stelle auf Großvaters Balkon kann ich sogar leise mit ihm sprechen. Der „Mann im Mond" sagt, ich könne ganz beruhigt sein, nichts sei zu fern und nichts so nah und auf allen Planeten gäbe es Wunder, aber die Zeit sei noch nicht reif, um darüber zu reden.

Plötzlich öffnet sich wieder die Eingangstür mit einem langgezogenen hohen Ton. Eine kleine blasse Frau kommt herein. An der Leine führt sie einen weißen knochigen Hund. Bestimmt reicht mir der Hund bis zur Brust. Sein Kopf sieht aus wie ein Totenschädel.

„Ja, was ist denn das für ein schöner großer Hund!" sagt Herr Leo, der immer zuerst die Tiere begrüßt. Der Herr Leo zählt nämlich zu jenen seltsamen Menschen, die das Magische im Kohlenkeller herbeigerufen hat. Der Herr Leo ist groß und hager, mit teerschwarzen Augen und glänzend schwarzen Haaren. Und er trägt immer einen schwarzen Kittel. Auf seiner Schulter sitzt manchmal eine regengraue Maus, aber nicht, wenn er an das Verkaufspult geht, die Kunden könnten sonst in Ohnmacht fallen, meint Großvater.

Der Herr Leo stützt sich mit seinen spindeldünnen Armen auf das Pult und beugt sich weit vor, um den abstoßenden Hundekopf zu streicheln.

„Du darfst ihn auch streicheln", sagt die blasse Frau zu mir. „Der tut dir nichts."

Doch ich mag den weißen Kopf mit den blutunterlaufenen Augen nicht anfassen, will dem Hund nicht über den nackten Rücken klopfen, der hat ja nicht einmal ein Fell! Da blickt mich der häßliche Hund an und gibt seltsame Töne von sich. Es sind weder Tier- noch Menschenlaute. Sie dringen in schauriger Folge aus dem riesigen Maul, von dem Speichel zu Boden tropft. Es klingt wie Türenknarren und Husten, wie Schnarchen und Wehklagen.

„Er kann nicht bellen", erklärt die Frau. „Aber ich verstehe ihn. Er hat schon, als ich ein Kind war, auf mich aufgepaßt und mich zur Schule begleitet. Und die Kinder wußten genau: Sie durften ihn nur anrühren, wenn sie mir nichts taten, denn meistens haben sie mich ausgespottet oder mir ein Bein gestellt oder sonst was Böses gemacht. Die hat der Attila dann gebissen."

„Und wieso kann der Attila nicht bellen?" fragt Herr Leo.

„Er ist einmal im Hals operiert worden, da ist etwas schiefgelaufen, seit damals schweigt er und gibt nur diese Laute von sich."

„ ‚Großes Wissen drückt sich im Schweigen aus!' sagt ein polnisches Sprichwort. Manche Tiere wissen mehr als wir", meint Herr Leo.

„Das mag schon stimmen, der Attila ist wirklich ein besonderer Hund. Er bewacht mich noch immer, und er spürt genau, was das für Menschen sind in einem Raum."

Bei diesen Worten blickt der Hund plötzlich von mir weg und zur Galerie empor. Wie hypnotisiert starrt er zwischen die Holzsäulen des Geländers, dorthin, wo der Raum zur „Unterwelt" verborgen liegt. Mir fährt ein Schauer über den Rücken.

„Da oben muß irgend etwas sein", sagt die Frau. „Oder es war jemand da, der ..."

„Da hinauf dürfen nur das Kind und sein Großvater", unterbricht Herr Leo sie. „Und die beiden müßten dir eigentlich gefallen", meint er zum Hund hin.

Mir wird immer kälter. Mit einemmal springt der riesige Hund auf, ein tiefes Grollen dringt aus seiner Kehle, gefolgt von einem gefährlichen Knurren. Die Frau zieht an der Kette.

„Platz!" befiehlt sie. Doch der weiße Hund gehorcht nicht, blickt unverwandt hinauf.

„Warte", sagt Herr Leo, der sich mit Zaubersprüchen und magischen Handlungen auskennt. „Irgend etwas ist dort oben, was dort nicht sein soll. Wir werden einen Abwehrzauber anwenden!"

Der Herr Leo dreht seinen Körper in Richtung Galerie und spuckt dreimal kräftig auf den Boden; dazu stampft er laut auf.

„Aber Herr Leo, was machen Sie denn da!" ruft Großvater, der einiges von Herrn Leo gewohnt ist. „Der Boden ist zwar alt, aber vom Draufspucken wird er auch nicht schöner! Und Flamenco tanzen müssen Sie daheim!"

„Gleich, Herr Chef. Gleich haben wir's!"

Jetzt reißt sich Herr Leo seine silberne Kette mit dem schwarzen Stein, der gegen ein böses Auge wirken soll, vom Hals und pendelt sie mit hoch erhobenem Arm aus.

„Verschwinde, Dämon!" ruft er, doch Großvater unterbricht die Beschwörung in scharfem Ton: „Herr Leo, ich bitte Sie, führen Sie ihr Theater woanders auf, was soll denn die Dame denken!"

„Ich denk' mir, der Herr macht es schon richtig, unterhalten Sie sich nur weiter, wir kennen uns aus", meint die blasse Frau.

Auch ich kenne mich aus.

Dort oben ist kein Dämon versteckt, sondern der Unheimliche. Und er wird durch den schwarzen Stein des Herrn Leo nicht verschwinden.

„So", sagt Herr Leo. „Sehen Sie, der Hund hat sich wieder beruhigt."

Tatsächlich leckt der weiße Hund jetzt seine Riesenpfote, und der Spuk scheint vorbei zu sein.

„Es könnte auch ein Verstorbener wiedergekehrt sein", meint Herr Leo nachträglich. „Womöglich hat er sich da oben gerade ausgeruht."

„Möglich wäre es", sagt die Frau.

Gruselkälte kriecht jetzt tief in meinen Bauch.

„Dann öffnen Sie weit das Fenster", mengt sich nun auch die lila Gräfin ein. „So kann die Seele wieder entweichen."

„Und der Schnupfen hereinfliegen", vollendet Großvater den Satz. „Es ist saukalt! Sie haben mir gerade noch gefehlt mit Ihrem Rat", sagt er und lacht. Großvater lacht das Düstere und das Unheimliche weg. Er kann sogar als einziger die rabenschwarze Katze der Paula streicheln, die jeden anfaucht und schnell wie ein Schatten unter einem alten Möbel verschwindet.

Doch der Herr Leo hat sein Lieblingsthema wieder und flüstert zu der blassen Frau: „Haben Sie gewußt, daß man eine geweihte Münze in ein Grab mit hineinlegt, damit die Verstorbenen nicht wiederkommen?"

Da erinnere ich mich mit Schrecken an die versteckte Zaubermünze, die ich in der Kaffeemühle gefunden habe.

Am liebsten möchte ich jetzt ganz schnell nach Hause. Weg

vom Totenkopfhund und der blassen Frau, weg von der lila Gräfin und dem Herrn Leo mit seinen Verstorbenen. Und vor allem weg vom Unheimlichen, von dem ich nicht weiß, ob ihn der Abwehrzauber verscheucht hat oder ob er im alptraumtiefen Loch zur „Unterwelt" auf mich wartet.

Doch wenn alle schon gegangen sind, weil Sperrstunde ist, muß Großvater noch unseren „Urwald" gießen und „Kassa machen".

Der „Urwald" ist ein breiter, hochwuchernder Farn, in dessen Tontopf sich Eisengewichte befinden, damit er nicht kippt. Der Topf, den nur zwei Männer gleichzeitig heben können, steht oben auf der Galerie, und man gelangt zu ihm nur über Bretter, die so morsch sind, daß Gefahr droht, einzubrechen. Deshalb darf ich auch nicht in die Nähe.

Nur Großvater kennt genau jene Stellen, wo die Planken unter den Schritten federn und schwanken wie auf einem alten Schiff.

„Nicht, Großvater! Nicht! Bleib stehen!" Ich höre nur seine Schritte und das kurze, trockene Krachen des Holzes, ich höre die Gefahr in meinem ganzen Körper. Großvater könnte durchbrechen. Und wer weiß, vielleicht hält sich der Unheimliche noch immer dort oben versteckt.

„Hab keine Angst, Kind, mir passiert schon nichts!" ruft Großvater herunter.

Als er aus der doppelten Gefahr zurückkehrt und ich am Fuße der Treppe auf ihn warte, bleibt Großvater lachend in der Mitte des Aufstiegs stehen. „Glaubst du, ich war am Fudschijama! Brauchst mich doch nicht abzuholen. Paß *du* nur auf, daß *dir* nichts passiert!"

Großvater stellt die blecherne Gießkanne ab und beginnt die Einnahmen des Tages zu zählen.

„Eine Schande ist das!" schimpft er. „Würstel mit Senf müßte man verkaufen und keine Bücher!"

Er steckt einige Scheine in eine schwarze große Geldtasche mit vielen Fächern. Das Kleingeld läßt er über Nacht in der Kassa, die nichts als eine einfache unterteilte Schublade in seinem Schreibtisch ist, zu der jeder Zugang hat.

„Und du wunderst dich, wenn dir Geld gestohlen wird", sagt Großmutter oft zu Großvater. „Warum schaffst du dir nicht endlich eine ordentliche Registrierkassa an?"

„Weil das kein ordentliches Geschäft ist", entgegnet Großvater dann. „Und weil eine teure Kassa für die Katz ist. Wenn einer stehlen will, stiehlt er so und so!"

Wenigstens die großen Geldscheine verschließt Großvater in einer speziellen Kostbarkeit des Geschäftes, und zwar im alten Tresor! Es ist ein massiver Wandschrank aus Metall, glatt und kühl, wenn man mit den Fingern über die Tür streicht. Sie hat drei silberne Schlösser, die man nur mit einem Sonderschlüssel öffnen kann, den Großvater nicht aus der Hand gibt. Es ist ein Geheimnis, wie das Schloß aufspringt, und nur ich darf dabei zusehen. Großvater schiebt einen kleinen Riegel hoch, gleichzeitig erfolgt eine gekonnte Drehung des Schlüssels. Ein Klicken, ein Schnappen, ein Knarren – Großvater ruft: „Sesam öffne dich!", und die schwere Tür schwingt langsam, sehr langsam auf. Im Tresor liegen hauptsächlich große maisgelbe Kuverts und allerlei dicke und dünne Mappen: Geburtsurkunden, Ausweise, Verträge und die schwarze Geldtasche mit dem wenigen Geld.

„Weißt du, warum all die Mappen hier drin sind?" fragt Großvater mich in ernstem Ton. „Weil in diesem alten Geschäft so leicht ein Feuer ausbrechen kann! Ich hoffe, du merkst dir das! Und alles, was wichtig ist, kommt in diesen Tresor!"

Einmal habe ich auf einem kleinen blauen, siebenfach gefalteten Zettel einen Wunsch hineingelegt, den keiner lesen darf. Er liegt tief hinter den maisgelben Mappen versteckt, und keiner weiß davon.

Auch Großvater nicht.

Bevor wir endlich das Geschäft verlassen, prüft Großvater, ob der Lichthauptschalter abgedreht ist, die Glut im alten Eisenofen gelöscht und die schiefe Tür zum Lichthof versperrt ist. „Komm mit, Kontrolleur", sagt er. „Du sollst alles wissen, genau wie ich."

Ich weiß noch mehr, Großvater, noch mehr über diese Räume, in denen ein Unheimlicher und das Magische hausen, in denen die Gespenster von fremden Welten flüstern und die Helden nachts aus den Büchern springen ...

Erst als der eiserne Rollbalken mit Getöse über den Schaufenstern herabsaust, bin ich frei.

Im „Schwarzen Adler"

Ich habe nach diesem aufregenden Nachmittag Hunger. Riesigen Hunger.

„Fahr schneller!" bitte ich Großvater. „Ich möcht' endlich nach Hause!"

„Siehst du nicht, daß die Ampel dort gleich auf Rot schalten wird, Co-Pilot?"

„Klar. Aber ich wär' noch durchgefahren!"

„Deswegen sitz' auch *ich* am Steuer und nicht *du*", sagt Großvater nur.

Als wir heimkommen, riecht es schon im Stiegenhaus nach Erbsen mit Speck. Es ist ein Glück, daß meine Großeltern im oberen Stockwerk wohnen und Großmutter meistens schon das Abendessen vorbereitet hat. Der Duft umfängt meine Nase, und wenig später umfangen mich auch Mamas Arme. Ausnahmsweise sind die Eltern früher daheim.

„Heute war überhaupt nichts los im Café!" erzählt Vater.

„Dafür war bei uns umso mehr los!" sagt Großvater.

„Waren wieder die beiden Sängerinnen bei euch und haben gejodelt, daß die Bücher vom Regal fallen?" fragt Großmutter, die manchmal im Geschäft aushilft und die beiden nicht leiden kann. Sie sind im ganzen Bezirk bekannt: Mutter und Tochter, dick wie Fässer, Haut wie Mehl, Lippen kirschrot, Stimmen wie splitterndes Glas.

„Nein, die hätten heute gerade noch gefehlt", sagt Großvater. „Aber die lila Gräfin war da und ein Ungetüm von einem Hund! Und unser Herr Leo hat getanzt, als hätt' ihn was gebissen!"

„In diesem Geschäft ist keiner normal", schimpft Großmutter. „Nicht einmal die Hunde."

„Der Hund konnte nicht bellen", erzähle ich, obwohl ich eigentlich nicht gerne über das rede, was an den Nachmittagen geschieht.

„Dafür war er häßlich wie der Teufel", ergänzt Großvater.

„Ich sag's ja, etwas stimmt nicht mit diesem Ort", meint Großmutter. „Ich weiß gar nicht, was das Kind dort soll!"

„Ich bin gerne bei Großvater im Geschäft", versichere ich schnell. Denn zu Großmutter möchte ich nach der Schule nicht. Da muß ich endlos Aufgaben machen und Klavier üben.

„Nimm nur diesen verrückten Wissenschaftler", fährt Großmutter unbeirrt fort. „Der redet pausenlos vom brasilianischen Urwald. Dabei weiß er nicht einmal, was sich in seiner eigenen Straße abspielt! Und neulich hat euer spinnender Elektriker behauptet, es gäbe einen Mondfisch! Und so was lernt unser Daniel dann!"

„Und wenn es ihn wirklich gibt?" Ich hole Vaters Lexikon aus dem Wohnzimmer. „Hier, bitte sehr!" Ich deute auf die Zeile mit dem Mondfisch.

„Zumindest Nachdenken lernt Daniel bei mir", wirft Großvater ein. „Vieles in Frage zu stellen ist kein schlechter Weg, um erwachsen zu werden!"

„Mondfisch hin, Mondfisch her, du brauchst Kinder und frische Luft!" beharrt Großmutter. „Sonst könntest du ja gleich bei deinen Eltern im Kaffeehaus bleiben!"

„Leider wär' der Zigarettenrauch bei uns noch schlimmer", meint Mutter.

„Und Bücher sind sicher interessanter als die Auswahl zwischen Kaffee, Tee, und Kakao", sagt Vater.

„Uns erzählen die Leute bloß ganz normale Sachen", sagt die Mama. „Zum Beispiel der Herr Maier. Der will jetzt Auto fahren lernen."

„Meinetwegen kann er Hubschrauber fliegen, wir brauchen kein Auto, die Straßenbahn tut's auch", wehrt Vater ab.

„Sei doch nicht so altmodisch!" meint Großvater, der schnelle Wagen liebt und einer der ersten in der Stadt war, die ein Auto besessen haben. „Jetzt, wo die Autos ordentlich ausgestattet sind, ist es ein reines Vergnügen, aber als ich jung war, gab's nicht einmal Scheibenwischer! Da mußte ich bei Schnee und Regen alle drei Minuten aussteigen und die Fenster sauber reiben!"

„Ich wär' schon mit einem Fahrrad zufrieden, das hat gar keine Fenster!" erinnere ich an meinen Wunsch.

„Wir werden sehen", sagt die Mama und nimmt mich um den Hals. Nach diesem seltsamen Tag würde ich am liebsten ganz in ihre Arme hineinfallen. Ihre Arme können alles Böse fernhalten, nur die Gedanken nicht ...

Am nächsten Nachmittag scheint die Buchhandlung überraschend hell und freundlich, denn einige Sonnenstrahlen reichen bis zur Galerie. Sehr langsam, die Angst in den Gliedern, steige ich Stufe für Stufe hinauf. Lange stehe ich vor dem schlammgrünen Vorhang, ohne ihn zu berühren. Mit einem Mal beginnt er sich wie in leisem Wind zu bewegen, obwohl kein Luftzug weht. Da glaube ich etwas Erschreckendes zu ahnen: Der Unheimlich würde sich keinem zeigen außer mir. Niemand würde sehen können, was ich sehe. Es ist, als hätte er mir das Versprechen abgerungen, zu schweigen, damit er sich in die lange Reihe der Schattenwesen einfügen kann, die sich vor den Augen der Erwachsenen verschließen ... Das Sonnenlicht, das eben noch von der Straße her schien, ist wie ausgelöscht. Angestrengt lausche ich auf die feinen Geräusche hinter dem Vorhang. Mit einem Ruck ziehe ich ihn zur Seite. Das Loch ist leer! Nur Staubkörner tanzen über der Öffnung in einem fahlen Lichtstreifen.

Hat der Abwehrzauber des Herrn Leo doch gewirkt? Wohin mag sich der Unheimliche geflüchtet haben?

Als ich die Treppe verlasse, liest Herr Leo gerade eine Schlagzeile aus der Bezirkszeitung vor: „Gefährlicher Räuber noch immer nicht gefaßt." Wie angewurzelt bleibe ich vor Herrn Leo stehen.

„Ja, was schaust du mich denn so entsetzt an? *Ich* bin nicht der Räuber!" sagt er.

„Lesen Sie uns nicht immer so schaurige Meldungen vor", bittet die Buchhalterin, Frau Keller, und blickt von ihrem Zahlenheft hoch. Nur die Paula sagt ganz ruhig:

„Ist doch erst letzte Woche wieder einer überfallen worden! Unser Bezirk wird bald Klein-Chikago!"

„Sie haben ganz recht, es treiben sich genug zwielichtige Gestalten hier herum", meint der Herr Leo, „stellen Sie sich vor, da geh' ich neulich ..."

„Herr Leo!" unterbricht Großvater ihn. „Stecken Sie sich Ihre Revolvergeschichten unters Kopfkissen, aber lassen Sie mich in Ruhe arbeiten, ich schreib' einen Artikel, der muß noch heute in die Druckerei!"

„Kann ich dir helfen, Großvater?" frage ich.

„Seit wann kannst du mir beim Schreiben helfen?"

In Wirklichkeit hab' ich gewollt, daß Großvater *mir* hilft, nämlich die Bilder zu verscheuchen, die durch meinen Kopf jagen. Aber ich muß noch warten. Außer oben auf der Galerie habe ich auch hier unten einen kleinen Tisch.

Widerwillig ziehe ich mein Geographieheft aus der Schultasche. Wenig später beugt sich Großvater plötzlich über mich: „Na, alles erledigt?" fragt er. „Können wir jetzt zum Vergnügen übergehen?"

„Bin fertig", schwindle ich, denn ich ahne, Großvater möchte mich irgendwohin mitnehmen, vielleicht sogar in seinem großen vanilleeisfarbenen Auto, hinauf auf die Hügel, wo man ein Stück von der großen weiten Welt sehen kann. Zu der Paula, dem Herrn Leo und der Frau Keller sagt Großvater dann stets: „Wir haben einen Weg!"

Manchmal gehen Großvater und ich jedoch auch in das Gasthaus am Eck, „Zum Schwarzen Adler", in dem hin und wieder wilde Gestalten an der Theke lehnen, wo die Stimmen laut sind und der Flipperapparat klingelt.

Im „Schwarzen Adler" bin ich ein Großer, denn Kinder gehen nicht dorthin. Neben dem Fenster wartet mein Zauberapparat – bunt und schwer mit Metallbeschlägen und Farben, wie ein zersprungener Regenbogen. Und wenn ich davor stehe, ist das ein Gefühl, als könnte ich den mächtigen Apparat mitsamt dem „Schwarzen Adler" aus den Angeln heben! Die Lichter tanzen vor meinen Augen, gleich wird das Klingeln und Rasseln wie ein Schauer über meinen Rücken rieseln.

Doch jetzt liegt Großvaters Hand auf meinem Rücken: „Also was ist? Kommst du mit? Ich muß meinen Kopf ausrauchen."

Auf dem Weg zum „Schwarzen Adler" machen wir einen kleinen Umweg durch ein paar Gassen. In einer besonders schmalen Gasse vernehme ich plötzlich hinter uns seltsam schleppende Schritte. Es hört sich an, als würde jemand ein Bein nachziehen. Doch als ich mich umdrehe, ist niemand da. „Großvater, wo ist denn einer überfallen worden?" frage ich leise.

„Nicht in dieser Straße und auch nicht in der näheren Umgebung, da kannst du beruhigt sein. Aber ich bitt' dich, fang mir nicht auch noch mit den unheimlichen Geschichten vom Herrn Leo an!"

„Aber wenn sie doch wahr sind!"

„Wahr ist vieles, und wenn wir uns mit all der Wahrheit belasten müßten, hätten wir einen Kopf wie eine Melone. Und passieren tut jede Minute etwas auf der Welt, so traurig es ist; da könnte man gar nicht mehr richtig atmen, wenn man an alles denken müßte. Jetzt denk nur an dich und freu dich!"

Im „Schwarzen Adler" riecht es rund um mich nach Wein und Bier, Tabak und Bratfett. Im „Schwarzen Adler" sitzen meistens nur Männer, viele in Arbeitskleidung, andere sind schon zu alt, um zu arbeiten. Sie rauchen und haben rauhe Stimmen, manchem fehlen ein paar Zähne, einer schiebt ständig sein Gebiß im Mund hin und her. Manchmal flucht einer laut, weil er beim Kartenspielen verloren hat, und knallt die schlechten Karten auf den Tisch. Einige Männer erzählen einander über zwei Tische hinweg Geschichten. Es ist immer sehr laut.

„Ah, da kommt der Chef mit dem Daniel daher!" rufen sie aus, wenn Großvater mit mir bei der Tür hereinspaziert. Großvater verhält sich so, als wären alle seine Freunde. Er lädt einige auf ein paar Würstel ein oder gibt an einem langen Tisch Bier oder Wein aus, er erzählt ihnen Witze und hört ihnen zu. Ich bekomme Limonade, die wie Weißwein aussieht, und Großvater stößt mit mir an, daß es klirrt.

Im Raum daneben sitzen die sogenannten besseren Gäste, dort sind die Sessel gepolstert, aber auch die Luft ist gepolstert, mit Stille nämlich, genau wie bei uns im Geschäft. Dort sitzen die Leute meist allein an einem Tisch, zum Beispiel der Herr Kommerzialrat, der immer Hirn mit Ei bestellt, „weil er selber keines hat", raunt uns der Kellner zu.

Doch das Beste am „Schwarzen Adler" steht hier, in der Nähe der Schank. Es ist der wunderschöne Flipperapparat, an dem Großvater mich spielen läßt, als wäre ich erwachsen. Ich werfe eine Münze ein, drücke auf einen Knopf, und schon erscheint die kleine Kugel, die ich besiegen muß. Ich ziehe kräftig an der Sprungfeder, das Katapult schleudert das runde Geschoß in das obere Spielfeld. Jetzt habe ich den Apparat zum Leben erweckt. Die Kugel jagt von Bahn zu Bahn, von Hindernis zu Hindernis, kämpft sich durch ein Labyrinth, während ich wie wild die Flipperhebel betätige, die Kugel daran hindere, im Loch zu verschwinden. Wieder war sie flinker als ich!

Bei der nächsten Spielrunde bin ich geschickter, rüttele am Apparat, um die kleine Kugel nach meinem Willen rollen zu lassen, drücke rasend schnell, erst den linken, dann den rechten, schließlich beide Flipperknöpfe zugleich. Es rasselt und klingelt und blinkt. Die Punktezahl auf den Plättchen erhöht sich. Vielleicht schaffe ich diesmal einen Freiball.

„Nicht so wild!" mahnt Großvater. „Mehr Gefühl!"

Schon drehen die Zahlen zurück, sinken auf Null, das Klingelzeichen ertönt, die Kugel läuft ins Out. Verloren!

„Wirf noch ein Geldstück ein, Großvater! Bitte!"

„Gut! Aber paß diesmal besser auf."

Meine Wangen sind heiß, die Fingerkuppen kleben an den Flipperknöpfen.

Drücken, drücken, drücken!

Jetzt sollten mich meine Klassenkameraden sehen, denke ich und schiebe den Gedanken auch gleich wieder fort. Die Kinder und die Schule, die gehören nicht hierher. Die sind weit weg. Ganz weit von dieser seltsamen Straße und meiner Nachmittagswelt. Die haben mit den eigenartigen Leuten, die hier leben, nichts zu tun.

Hin und wieder läßt mich Großvater auch alleine flippern, während er sich mit den Männern unterhält. Der Wirt läßt es gelten, daß ich hier spiele, er weiß, ich bin mit Großvater da.

Und es ist gut, daß er jetzt da ist, nicht nur wegen dem Flippern. Links vom Fenster steht ein Tisch, da sitzen heute drei Männer, die habe ich noch nie in diesem Lokal gesehen. Der eine dreht den Zipfel seines blaukarierten Taschentuchs zu einem Spitz zusammen und bohrt damit im Ohr, während der andere sich mit einem Zahnstocher die Nägel sauber macht. Der dritte jedoch beobachtet die Umsitzenden an den Tischen. Alle drei schweigen. Von dem dritten strömt etwas aus, das mir Kälteschauer über den Rücken treibt.

Sein forschender Blick fällt auf mich. Wir erkennen uns in einer Schrecksekunde wieder, und nun falle ich selbst in das alptraumtiefe Loch, aus dem der Unheimliche entstiegen ist. Denn er ist es. Er sitzt hier, und er kennt mich.

„Großvater", sage ich eine Spur zu hastig, „du ... Großvater ..."

„Ja, was denn, Daniel? Ist was?"

Er beugt sich zu mir herab, Großvaters Körper verdeckt das Gesicht des anderen, wischt es fort wie einen Alptraum.

„Gehen wir?" sage ich.

„Ist dir heute zu viel Rauch herinnen?"

„Ja –"

„Daß du mir aber zu Hause nicht erzählst, daß wir zwei Schönen hierher gehen, das gäb' sonst ein unnötiges Theater!"

„Weiß ich doch, Großvater, so komm schon!"

„So empfindlich bist du doch sonst nicht, Daniel, hast du vielleicht Halsweh, daß dich der Rauch kratzt?"

„Nein, Großvater, ich hab' gar nichts."

Er beugt sich abermals zu mir herunter, wir stehen schon an der Tür, er berührt prüfend mit den Lippen meine Stirn. Das ist seine Art von Fiebermessen.

„Nichts hast du! Gott sei Dank! Müde bist du vom vielen Flippern!"

Auf der Straße erzählt mir Großvater eine tolle Neuigkeit, die mich für eine Weile ablenkt.

„In Amerika und auch in anderen Ländern gibt es etwas, das dir gefallen würde", sagt er. „Dort haben sie schon das Fernsehen. Da kann man die ganze Welt in einem kleinen Apparat sehen."

„Die ganze Welt? Auch Großmutters Haus?"

„Nicht so. Die Fernsehstationen zeigen nur Bilder oder Filme, die viele Menschen interessieren. Wart es ab, du wirst staunen! Und ich auch!"

„Kaufst du dann so einen Fernsehapparat?"

„Wenn er nicht zu teuer ist und die Qualität gut, dann vielleicht.

Sicher werden als erstes die Kaffeehäuser so einen Apparat aufstellen, und wir können zum Preis von einer Tasse heißer Schokolade die Welt anschauen."

„Toll!" sage ich. Auch wenn ich mir unter der neuen Erfindung nicht viel vorstellen kann. Im Augenblick ist das Flippern noch immer das Aufregendste, wenn da nicht dieses Gesicht mit den stechenden Augen wäre, dieser Unheimliche, mit dem mich etwas Furchterregendes verbindet.

Die Gespenstschrecke

„Ein paar eigenartige Typen gibt's dort im ‚Schwarzen Adler',
nicht wahr, Großvater?" beginne ich noch einmal zögernd, als wir
uns der Buchhandlung nähern, die in der Dämmerung wie eine
beleuchtete Höhle aussieht.

„Die Typen sind zwar rauh, aber in Ordnung! So eigenartig wie
unser Herr Leo mit seinen vielen Ticks sind sie jedenfalls nicht",
meint Großvater und stößt die Eingangstür auf. Doch bevor ich
das Geschäft betrete, blicke ich mich um, ob uns nicht einer folgt.
Zum Weiterreden komme ich nicht. Der Herr Leo bedient gerade
einen Kunden mit einem außergewöhnlichen Wunsch: „Ich suche
etwas über die Gespenstschrecke, hätten Sie durch Zufall so ein
Buch auf Lager?"

Gespensterschrecken haben wir viele auf Lager, denke ich, sie
hocken überall, aber daß es ein Buch über ... Da sagt der Herr Leo
auch schon: „Ah, sie meinen die *Carausius morosus*? Die, die wie
ein hauchzarter Ast aussieht und auf einem meist kahlen Busch
sitzt, dem sie sich total anpaßt?"

„Sie sind die erste Buchhandlung, die über dieses Insekt Be-
scheid weiß!"

„Unser Herr Leo ist ein wandelndes Lexikon", lobt Großvater.

Herr Leo weiß jedoch nicht nur viel über Magie und Insekten,
sondern auch über Kräuter und Salben, und oft kommen Leute in
unser Geschäft, die gar nicht nach einem Buch fragen, sondern

ihm von ihren Krankheiten erzählen und sich von ihm beraten lassen: „Gegen Ihre Halsentzündung nehmen Sie einen Teelöffel Salz auf ein kleines Glas lauwarmes Wasser und gurgeln damit eine volle Minute lang. Das machen Sie, bitte sehr, dreimal täglich ..."

Der Herr Leo ist sehr höflich. Manche Leute krempeln den Jackenärmel hoch und zeigen ihm eine gerötete Stelle, und Herr Leo verordnet Ringelblumensalbe. Ein anderer klagt über Verstopfung, und Herr Leo notiert mit Bleistift auf einem Buchbestellzettel Sennesblätter und Rizinusöl und den Flohsamen als natürlichen Appetitzügler.

Soeben hören wir, wie der Herr Leo über die Gespenstschrecke einen Weg in die Mundhöhle des Kunden gefunden hat: „Also gegen die Zahnfleischentzündung würde ich an Ihrer Stelle Salbeiblätter nehmen und gut damit spülen, sonst fallen Ihnen am Ende noch die Zähne aus und Sie müssen eine Zahnprothese tragen!"

„Herr Leo", unterbricht Großvater ihn. „Ich glaube, das möchte der Herr nicht wissen!"

„Aber ein Freund von mir, der hat sein Gebiß samt dem Lebkuchen verschluckt, auf dem es kleben geblieben ist. Und am Röntgenbild waren dann die Zähne im Bauch zu sehen."

„Gespenstisch", sagt der Kunde. „Und wo bekomme ich nun mein Buch über die Gespenstschrecke?"

„Ich wüßte da eine Spezialbuchhandlung, die diesen Titel führen könnte", meint Herr Leo und schreibt die Adresse auf.

„Besten Dank", sagt der Kunde, doch als er das Geschäft verlassen hat, schimpft Großvater: „Wenn das so weitergeht, können wir hier ein Spital aufmachen! Verkaufen Sie lieber Bücher!"

„Aber Herr Chef, ich werd' die Leute doch nicht mit ihren Wehwehchen rausgehen lassen, wenn ich ihnen helfen kann!"

„Aber den Gesunden verkaufen Sie meistens auch nichts!"

„Sie wissen doch, wie das hier ist. Schauen Sie sich einmal die Menschen an, die in unserer Straße vorbeigehen! Die wollen am

Markt Kartoffeln und Schweinshaxen kaufen, aber keine Bücher! Und die vielen Wirtshäuser rundherum sind was für Säufer, aber nicht für Leser!"

„Und Sie – Herr Leo – verscheuchen auch noch unsere letzten Kunden. Außerdem schicken Sie mir die Leute doch zum Kuckuck nicht immer in andere Buchhandlungen, nur weil wir einen gewünschten Titel nicht führen! Wozu haben wir denn Bestellkataloge?"

„Schon, schon, Herr Chef, aber die Herrschaften hätten woanders eine größere Auswahl, da wär' ihnen von vornherein mehr geholfen!"

„Ich bin nicht der Wohltäter der Nation!" stellt Großvater klar. Aber er mag den Herrn Leo.

Und der Herr Leo mag den Großvater und unser Geschäft.

Eigenartig sind sie alle, die hier arbeiten. Sogar die stille Frau Keller. Sie riecht oft ein bißchen wie die Männer im „Schwarzen Adler" und steckt mir hin und wieder Bonbons zu oder läßt mich auf dem Einband eines neuen Kassaheftes ein lustiges Strichmännchen malen.

„Das schau' ich an und bin nicht mehr traurig", sagt sie.

Ich wußte nie, weshalb sie so oft traurig ist, bis Großvater mir erklärte: „Die Frau Keller hat nicht viel zu lachen; ihr Mann ist ein Trinker, ihr Sohn ein Taugenichts. Ich habe sie in Verdacht, daß sie irgendwo eine Flasche Schnaps versteckt hat und auch heimlich trinkt! Aber in diesem Riesengeschäft kann so vieles verschwinden, ohne daß man es jemals findet."

„Ich weiß ...", sage ich. Da packt mich eine unsichtbare Hand im Genick, und ich rede schnell von anderen Dingen, die ich beobachtet habe. „Die Leute, die trinken, scheinen mir aber immer sehr fröhlich zu sein!" sage ich und denke an die Männer im Gasthaus.

„Ich hab' leider schon so manchen von denen ziemlich traurig gesehen!" sagt Großvater. „Wenn man den Alkohol braucht, um fröhlich zu sein, ist die ganze Fröhlichkeit nichts wert. Und es kommt auch darauf an, wieviel einer verträgt. Oft können das die Leute nicht abschätzen und werden krank."

„Und man merkt es gar nicht?"

„Und wie man das merkt! Einmal ist unsere Frau Keller in aller Früh wie ein Gespenst bei der Tür hereingekommen, kaum, daß sie zu ihrem Schreibtisch gefunden hat. Nicht einmal richtig reden konnte sie, weil ihre Zunge so schwer war vom Alkohol."

„Und da kannst du mit ihr arbeiten?"

„Sie verspricht immer wieder hoch und heilig, daß sie mit dem Trinken aufhört. Ich denk' jedesmal, diesmal schafft sie es!"

Großvater beschönigt nichts. Er behandelt mich nicht wie ein kleines Kind. Ich bin sein Daniel und teile mit ihm die Nachmittage und die Eigenarten der Menschen, die ihn umgeben. Nur mit der Paula möchte ich nichts teilen. Sie ist kalt wie ein Karpfen und angemalt wie ein Indianer. Sie glaubt, daß sie der Gina Lollobrigida ähnlich sieht – das ist eine berühmte Schauspielerin – und klebt sich täglich lange falsche Wimpern an. Einmal sind ihr die Wimpern vom Lid gefallen, und das nackte Auge hat mich erschrocken angeglotzt. Großvater stört ihr Aussehen nicht. Er sagt: „Die Paula ist flink und kennt den Verlag wie den Inhalt ihrer Handtasche." Aber in ihrer Handtasche ist eine große Unordnung, die habe ich selbst gesehen. Die Paula macht bloß stur ihre Arbeit. Doch Großvater sagt: „Die Paula sitzt hier, seit sie fünfzehn ist und noch ein Lehrmädchen war. Ich mag sie, weil ich sie schon als halbes Kind gekannt hab'."

Ich kenne genügend Kinder in meiner Schule, die ich nicht mag.

Nach dem Kunden mit der Gespenstschrecke ist es sehr still im Geschäft. Leise, ganz leise, ziehe ich mich mit einem besonderen Buch in den rückwärtigen Teil des Geschäftes zurück, wo sich das Antiquariat befindet. Fast alle Bücher hier sind geheimnisvoll, weil sie so alt sind, manchmal über hundert Jahre. Sie haben seltsame Titel wie: „Die Wandlungen und Erkenntnisse des Bergsteigers Ambrosius Hinck" und darunter das Jahr: 1806. Von Wandlungen verstehe ich etwas. Aber von der „Geschichte des K. und K. Feldjägerbataillons" verstehe ich nichts und auch nicht von „Wallensteins erster Liebe", einem „romantisch historischen Gemälde". Doch das macht nichts, denn schon allein die Farben der Buchdeckel im Antiquariat sind etwas Besonderes. Sie sind wie ein dunkler Wald, moosbewachsen mit grauen Steinen und braunem Laub. Manche Bücher sind auch flaschengrün und rabenschwarz, in die muß ich mich mit geschlossenen Augen hineindenken, dann kann ich so ein Buch seufzen hören, weil es so viel erlebt hat. Ich streiche mit den Fingern über die leinenbezogenen Rücken, die ledernen Einbände und goldumrandeten Seiten. Ein kleines Buch hat einen Deckel, der ist mit karamelfarbener Seide überzogen. Manche Bücher sind schmal und halb zerfallen, andere wieder schwer und groß, sodaß meine Beine einknicken, wenn ich sie hochheben will. Alle riechen sie nach Erde und Gewürzen, nach Winter und Staub. Menschen, die längst gestorben sind, haben sie in ihren Händen gehalten und mit Notizen versehen. In einem Buch mit vielen losen Seiten finde ich eine echte braune Haarlocke, darunter eine Widmung: „In ewiger Liebe für mein Hasiputzi-Otto."

Wenn ich einmal ein Mann bin, möchte ich kein Hasiputzi sein.

„Wie kommst du zu all den uralten Büchern, Großvater?" habe ich einmal gefragt.

„Also, wenn die Leute keinen Platz mehr für Bücher in ihrer Wohnung haben oder wenn sie eine Verlassenschaft verkaufen wollen, dann kommen sie zu mir und fragen, ob ich die Bücher anschauen würde."

„Was ist denn das, eine Verlassenschaft?"

„Wenn jemand stirbt, ‚verläßt' er sozusagen alles auf dieser Erde. Auch seine Bücher. Die Hinterbliebenen wissen nicht, was sie mit den vielen Sachen anfangen sollen, und verkaufen sie."

In so einem Fall fährt Großvater also in fremde Wohnungen und prüft, ob die „verlassenen" Bücher für sein Geschäft brauchbar sind. Manchmal kommt er mit leeren Händen oder bloß mit zwei Bänden zurück und sagt: „Lauter Dreck, die Leute glauben, nur weil die Bücher alt sind, sind sie auch gleich etwas wert!"

Ein andermal jedoch nimmt er den Buchhändler in die betreffende Wohnung mit, weil er zwei Hände mehr braucht, um alles tragen zu können.

Ich bin immer neugierig, was Großvater mitbringt.

Einmal hat er einen großen grauen Leinenband mit einer schwarz-weißen Fotografie von einem nackten Mann und einer nackten Frau auf dem Deckblatt vor mir verstecken wollen. Ich habe genau gesehen, wie er das Buch in den Garderobenraum getragen hat, von wo eine alte Glastür zu einem kleinen Lichthof führt. Da bin ich leise in den Raum geschlüpft, als Großvater wieder an seinem Schreibtisch saß, und habe heimlich mit Hilfe eines Lichtstrahls, der vom Hof hereinfiel, in dem Buch geblättert. Mir ist heiß geworden von den Bildern, aber verstanden habe ich sie nicht. Ich habe nicht einmal die Zeilen unter den Abbildungen lesen können. Die Schrift, die aussah wie geknickte Fliegenbeine, kannte ich auch von anderen alten Büchern. Sie ist gotisch, hat mir Großvater einmal erklärt, und heißt Frakturschrift.

Aber auch die neuen Bücher sind aufregend, und eigentlich dürfte ich nicht jedes Buch, das mir gefällt, lesen, denn es sieht schnell unansehnlich aus und kann dann nicht mehr als neu verkauft werden. Aber dem Buch, mit dem ich mich hierher neben den knisternden Ofen zurückgezogen habe, konnte ich nicht widerstehen. Es handelt von versunkenen Welten, von Flugzeugen und ausgestorbenen Tieren, ja von ganzen Städten, die noch immer unter Wasser oder Stein in fernen Erdteilen vergraben liegen sollen. Doch jemand weiß von ihnen, jemand hat ihre Spuren verfolgt und festgehalten und sein Wissen in diese Seiten hineingeschrieben. So wie auch ich von rätselhaften Dingen weiß, die meist in der Dämmerung beginnen und in die Finsternis hineinführen.

Eines Tages hat mir der schwarze Geist etwas aus der Tiefe des Kohlenkellers zugeflüstert, nämlich daß der Keller und das Haus in einem früheren Jahrhundert unter Wasser gestanden seien. Und die Steine seien von winzigen Wesen bevölkert gewesen, die ihre ewigen Schreie in den Mauern des heutigen Hauses eingeschlossen hätten. „*Deshalb* hörst du all die Geräusche, Daniel, denn diese scheinbar leblosen Steine beginnen sich bei Einbruch der Dunkelheit zu regen und zu räkeln, das aschgraue Haus ist wie ein Urtier, das seine Glieder streckt und mit tausend Stimmen von versunkenen Welten berichtet. Hin und wieder wächst es in der Finsternis der Nacht und holt sich einen Vogel vom Himmel und verwandelt ihn in einen flatternden Schatten ..."

Da habe ich Angst bekommen und mußte ganz schnell hinaus aus der Geisterwelt und wieder Kontakt zu den Dingen finden. Auch jetzt versuche ich mich gewaltsam aus der Umklammerung meines Buches und seiner unglaublichen Geschehnisse zu lösen und blicke über den Rand der Seiten durch den Raum, zu den hohen Auslagenscheiben.

Jedesmal, wenn die klapprige Straßenbahn mit ihren offenen Trittbrettern vorüberrattert, vibrieren sie bedrohlich, und manchmal ziehe ich unwillkürlich den Kopf ein. Wenn die dünnen Glasscheiben jetzt nur nicht kippen! Wenn sie bloß nicht splittern! Aber Großvater hat versprochen: „Die halten noch weitere hundert Jahre. Nur ob die Welt hält, das kann ich dir leider nicht versprechen!"

Etwas läßt mein Herz heftiger schlagen – es ist die Gestalt, die vor den breiten Buchständern steht und von der ich nur das halbe Gesicht sehen kann, wie der Länge nach gespalten. Dieses Auge! Es blickt am Buchständer vorbei, her zu mir, und ergreift von mir Besitz.

Der Unheimliche ist wieder da. Er rührt sich nicht von der Stelle, und doch rückt er beklemmend in meine Nähe.

„Großvater?" rufe ich laut.

„Stör mich jetzt nicht, ich muß die Fotos für die Zeitung einteilen. Später kannst du mich alles fragen."

Nein. Jetzt gleich brauche ich seine Nähe! Ich werde mich einfach neben ihn setzen. Ganz still und unsichtbar. Da! Als ich mich erhebe, duckt sich der Unheimliche und ist spurlos verschwunden. Und doch schwebt die Gegenwart des Fremden wie ein feines Netz über den Dingen und hält mich gefangen.

Ich bin richtig froh, daß Großvater heute nach Feierabend Zeit für mich hat. Er soll mich weit weg führen vom Fürchten. Denn manchmal liest er mir, wenn wir allein sind, aus einem dicken Buch vor. Es handelt von den Entdeckungsreisen des Columbus. Die Seiten sind hauchdünn, sie knistern, wenn man umblättert, und manche haben gelblich-braune Ränder und alte silbergraue Bilder, das sind Kupferstiche. Ich habe große Achtung vor dem Buch. Der Großvater liest es aber auch sehr feierlich vor. Er hat eine tiefe Stimme, und weil es so still ist, wenn alle Mitarbeiter gegangen sind, klingt sie noch tiefer.

Nach der Sperrstunde sitzen wir beide also unter dem warmgelben Lichtkegel der alten Schreibtischlampe und segeln auf einem windigen Schiff über stürmische Wellen in das noch unbekannte Amerika, während alle anderen Leute bloß in die Straßenbahn einsteigen. Draußen haben die Geschäfte nachtschwarze Fenster bekommen, der Straßenlärm verebbt, die Schweine drüben im Schlachthof schreien nicht mehr, niemand tut ihnen etwas. Erst jetzt gehört die alte Buchhandlung ganz Großvater und mir. Plötzlich drückt mir Großvater einen Kuß auf die Wange, obwohl wir gerade meterhohe Wellen bezwingen müssen, einfach so, mitten im Manöver, und ich frage: „Warum gibst du mir plötzlich einen Kuß?"

„Weil du auf der Welt bist", sagt Großvater und vertieft sich wieder in unser gemeinsames Abenteuer, und wir erobern das Meer und die nächste Insel.

König der Schatten

In den Schulferien darf ich manchmal sogar nachts im Geschäft schlafen. Wenn Großvater früh am Morgen in die nahe gelegene Druckerei muß, übernachtet er hier. Mama fürchtet jedesmal, ich könnte mich in den kalten Räumen erkälten, doch Papa sagt: „Als Kind hätte ich mir auch so eine Abenteuerhöhle und so einen Großvater gewünscht. Ich hab' die beiden in Verdacht, daß sie dort allerhand anstellen, von dem wir nichts wissen!"

Zwischen den hohen dicken Mauern der alten Buchhandlung wird es gegen Abend kalt wie in Alaska. Das Abenteuer beginnt bereits auf dem langen Gang hinter der großen Flügeltür mit der Türklinke, die so kalt ist wie ein Eiszapfen. Sogar im Sommer umfängt einen auf diesem Gang Schneekälte. Vielleicht liegt es daran, daß er an so vielen verbotenen Türen vorbeiführt. Hinter der einen wartet mein Käfer auf sein Lebendigwerden, während hinter der anderen der schwarze Geist im Kohlenkeller wacht.

Die feuchte Kälte schläft zwischen den Mauern wie ein Höhlentier, haucht einem den eisigen Atem ins Gesicht und versucht, sich an einem festzuhalten. Manchmal fällt das schwache Licht im Gang aus, und ich taste mich vorbei an der abbröckelnden Mauer. Da! An dieser Stelle befindet sich der Einschnitt, tiefschwarz und schmal – die ewig verschlossene Tür. Klein ist sie, kleiner als alle anderen Türen. Ich darf sie nicht öffnen. Sie führt hinunter in das unterirdische Reich, in den Kohlenkeller, wo auch das „Magische" haust und wo der schwarze Geist mir die unheimliche Geschichte von den Steinen zugeraunt hat. Manchmal glaube ich, das Magische und der schwarze Geist sind ein und dasselbe Wesen, dessen Gestalt ich nicht kenne. Doch es wächst von da unten empor, da bin ich mir sicher. Ich kann seine Macht fühlen, wenn es die Menschen und die Tiere in diesen Räumen mit unsichtbaren Händen berührt.

„Da gehst du mir nicht allein hinunter!" warnt Großvater mich.

„Gehst du einmal mit mir?"

„Wozu denn, Kind? Dort unten ist es nur schmutzig, saukalt und stockdunkel. Dort lagere ich bloß die Kohlen für den Winter."

Im Winter höre ich den finsteren Mann, der die Kohlen bringt, in seinen schweren Stiefeln durch den Gang stapfen. Ich drücke mich in ein Eck und beobachte das Öffnen der verbotenen Tür. Dabei entsteht ein Geräusch, als würden Kieselsteine zerrieben, gefolgt von einem langgezogenen hohen Laut. Das sind die Schreie der Stein-Wesen, denke ich entsetzt.

„Schaurig", sagt auch der Kohlenmann. „Als würd' da unten ein Gefangener in einem Burgverlies stöhnen!"

„Wer weiß", sagt Großvater. „Vielleicht war dieser Keller einmal Teil einer Burg und wir haben ein echtes Burggespenst. Dann könnten wir bald Eintritt verlangen und hätten eine Attraktion."

Da wendet mir der Kohlenmann sein dunkel verschmiertes Gesicht zu: „Da, schau!" Mit großem Kraftaufwand hievt er den ersten prallgefüllten Jutesack von der Schulter. Er leert den schweren Sack über dem Brett aus, das der Länge nach über den Stufen liegt. So rutschen die Kohlen leichter und schneller hinab. Sie stoßen mit Getöse auf den Haufen, der bereits unten liegt. Das laute hohle Schüttgeräusch prallt von den Mauern zurück wie ein dumpfes Echo, und jede Kohle dort unten ist ein Auge, das mich anstarrt.

„Geh weg, Bub, sonst bist du schwarz vor Staub, schau was

da für ein Dreck hochkommt, das ist nichts für dich!" mahnt Großvater.

Schwarzer Nebel hüllt den Kohlenmann und Großvater ein, wenn wieder ein Sack geleert ist. Das Poltern jagt mir durch den Bauch. Ich will nicht fort von hier, ich möchte das Geräusch *sehen*, nicht nur hören, sonst macht es mir noch mehr Angst. Ich will dabei sein, wenn die Kohlestücke aus der Sacköffnung über das Brett in die Tiefe stürzen.

Ist der Kohlenmann gegangen, ist es wieder geisterhaft still. Ich versuche erst gar nicht, die unheimliche Tür allein zu öffnen, schleiche nur manchmal dicht an dem schwarzen schmalen Rechteck vorbei. Ich rieche am Schlüsselloch, hinter dem es noch schwärzer als schwarz ist, und ein Schauer rieselt meinen Rücken hinab bis zum großen Zeh. Ich wage nicht einmal die eiserne Klinke zu berühren. Großvater darf nicht wissen, daß ich mich hier auf dem Gang herumtreibe, sonst läßt er mich nachts womöglich nicht in seinem Privatreich schlafen, in dem ich mehr bin als ein Sekretär und ein Kind.

Dort bin ich der König der Schatten.

Hat man also den langen finsteren Gang hinter sich gebracht, durchquert man einen riesigen Vorraum, in dem sich ein Schrank, breit wie die Wand, befindet. Er steht prächtig da, wie ein Wächter aus Tausend und einer Nacht. Der seltsame Schrank ist türkis und gold bemalt, mit unzähligen kleinen Holzbögen, feinst geschnitzten Schubladen und Kästchen. In jedem Kästchen befindet sich ein kleiner Zettel mit dem Beginn einer Geschichte, den Großvater hineingelegt hat. Ich darf ein Kästchen öffnen, und Großvater muß mir abends die gewählte Geschichte vorlesen. Natürlich sind das keine Märchen für kleine Kinder! Es geht um unglaubliche Dinge, um Schwerter und Dämonen und um rätselhafte Vorkommnisse, wie die spurlos verschwundenen Flugzeuge und Schiffe im Bermuda-Dreieck. Dort sind im vorigen Jahrhundert zu bestimmten Zeiten im nordatlantischen Ozean mehr als fünfzig Schiffe auf mysteriöse Art einfach vom Meer verschluckt und nie mehr gefunden worden. Weder das Wrack noch die Mannschaft. Und Großvater sagt: „Es ist nicht zu verstehen, und doch passieren solche unerklärlichen Sachen, und vielleicht ist es besser, wenn wir nicht alles wissen."

Aber ich weiß, wovon Großvater spricht, ich befinde mich mitten drin in den unerklärlichen Vorkommnissen, ich kann sie hören, sehen und riechen. Heute nacht ist es besonders schlimm, denn selbst wenn der Unheimliche scheinbar spurlos verschwunden ist, so befinden wir uns nicht im Bermuda-Dreieck, und er wird irgendwann wieder auftauchen. Ich bilde mir ein, daß sein Atem mein Gesicht wie ein kalter Luftzug streift, als ich Großvaters Privatreich mit dem schwarzen Schreibtisch und dem ziegelroten Sofa betrete. Auf diesem Sofa liegen wir nachts wie zwei Sardinen geschlichtet, und es ist schön, die Wärme des anderen zu spüren. Großvater schläft mit dem Kopf zur Wand und ich mit dem Kopf zur Tür, damit ich die Gespenster und die Geisterwesen besser hören kann und sie mich nicht überfallen können. Denn abends ziehen hier die Schatten ein, die das kleine flackernde Feuer im gußeisernen Ofen heranlockt und an die Wände wirft. Auch der Mond schickt dunkel tanzende Flecken durch das große Fenster, das zum Hinterhof führt. Über dem kleinen Hof schwebt ein Stück Himmel wie ein feines Tuch. Rings um den Hof nichts als ewig schmutzige Fenster, fremde stille Büros und kein Laut in den Stockwerken.

Nachts höre ich nur den Schrank, der wispert.

Das Feuer, das prasselt.

Das Wasser, das zischt. Es erhitzt sich in einem Blechtopf, der auf dem Ofen steht.

Ich habe sogar schon einmal hier gewohnt.

Als ich ein Baby war.

„Damals hatten wir keine Bleibe, als wir nach dem Krieg von der Flucht aus Spanien zurückkehrten", hat Großvater erzählt.

„Wir mußten hier im Geschäft wohnen. Deine Eltern, deine Großmutter, du und ich."

„Wo haben wir denn alle geschlafen?"

„Auf Matratzen. Bloß das Sofa war schon da, auf dem lagen deine Mutter und deine Großmutter, so wie wir beide heute. Eine Matratze findest du sogar noch in einer der Abstellkammern, wo auch dein Kinderwagen steht. Jetzt liegt das Akkordeon von deiner Großmutter drin, auf dem sie uns oft vorgespielt hat – und mit dem sie sogar ein bißchen Geld verdient hat."

„Auf der Straße?"

„Auf der Straße! Wenn man nichts zu essen hat, hat man keine Wahl, weißt du", hat Großvater weiter erzählt, „deine Mutter hatte nur drei Stoffwindeln für dich, und sie war dauernd am Waschen, auf derselben Waschrumpel, die sie noch heute benützt. Und aufgehängt hat sie deine Windeln hier, zwischen Ofenrohr und Stehlampe. Manchmal bist du in der Nässe wundgelegen, weil die Tücher in dem feuchten Raum nicht und nicht trocknen wollten, und du hast vor Hunger und Kälte geweint. Einmal sind deine Lippen sogar blau angelaufen, und wir hatten große Angst um dich."

Ich will immer wieder die Geschichte hören, wie meine Lippen vor Kälte blau angelaufen waren und alle große Angst um mich hatten.

In Großvaters Zimmer ist es tatsächlich noch kälter als in den anderen Räumen, in denen Öfen stehen und zusätzlich Wärme von der angrenzenden Bäckerei durch die Wand strahlt. Der runde Eisenofen hier ist zu klein, sein langes geknicktes Rohr stößt in die Wand, bricht den Verputz in vielzackige Sprünge wie Riesenkraken. Die Zimmerdecke ist übersät mit solchen Sprüngen. Wenn ich auf dem Sofa liege und hinaufblicke, entdecke ich immer neue Gebilde, als läge ich auf einer Wiese und würde die Form der Wolken bestimmen: Katze, Schaf, Teufel, Schiff.

Und doch wäre es gemütlich hier, wenn ich nicht dieses unbestimmte Gefühlt hätte, daß der Unheimliche über den einsamen Hof schleicht. Für gewöhnlich sprudelt das Wasser leise auf dem Ofen, das Licht unter der alten Stehlampe ist honiggelb, die Stille gehört uns. Die Wärme kommt auch von Großvater und von seinen Geheimnissen, die hier mit ihm wohnen. Da ist die kupfergrüne Meerjungfrau, die mit schlanken Armen einen bunt schillernden gläsernen Schirm über die Glühbirne hält. Er fängt die Farben ein, und wenn ich die Lampe drehe, stehe ich vor einem Ringelspiel aus Licht. Da ist die große dicke Eule, deren Krallen auf einem steinernen Buch ruhen, und mein Lieblingsstück, das riesige Radio. Wie oft habe ich früher in den Lautsprecher hineingeschaut, ob nicht doch ein Mann drin sitzt, der zu mir spricht, nur zu mir. Der kleine Italiener vielleicht, der Deutsche, dessen Stimme ich so gut höre, der Tscheche, alle so fern, alle so nah. Ich war überzeugt, die Sprecher hocken da in dem Kasten drin, die verstecken sich vor mir, damit ich sie suchen soll.

Jetzt habe ich längst ein anderes Spiel entdeckt: Ich drehe an den Radioknöpfen, einmal schnell, dann wieder langsam, komponiere mir die Stimmen, die Geräusche und die Melodien neu, lege das Ohr an den warmen Apparat, dicht, noch dichter. Wenn ich will, ist mein Ohr in Italien.

„Eines Tages wirst du Italienisch sprechen!" verspricht Großvater mir, wenn er mich wieder einmal vor dem Radio überrascht. „Buon giorno, Signore Daniel!"

„Nein, ich will Amerikanisch lernen und wie Columbus nach Amerika segeln!"

Doch heute nacht ist alles anders, wie von einer gewohnten Stelle verrückt. Normalerweise zaubert Großvater, bevor wir endlich das Licht auslöschen, mit seinen Händen einen Hund, einen Hasen, einen Mönch mit Kutte an die große kahle Wand neben unserem Sofa.

„Für dich!" sagt er.

Und schon gehören sie alle mir, und ich befehle: „Laß den Hund bellen, den Hasen hüpfen, den Mönch gehen!"

Und Großvater macht, daß die Gestalten bellen, hüpfen und gehen. Mit ein wenig Übung kann ich es nun schon fast so gut wie er. Und meine selbst erschaffenen Wesen gesellen sich zu den anderen.

Hier in meinem Schattenreich beherrsche ich sie alle.

Nur heute nicht. Und Großvater weiß nicht, daß vor seiner Tür am langen Gang, an dessen Ende sich die Toilette befindet, ebenfalls Schatten auf mich warten. Diese Schatten sind immer da. Es sind die Gespenster, vor denen ich mich fürchte. Sie bewachen die verbotenen Türen und lassen mich nicht durch. Sie tanzen und flüstern und umzingeln mich, sobald ich nachts vorsichtig den Kopf bei der knarrenden Tür heraussteckc, well ich auf die Toilette muß, während Großvaters Schnarchen durch den Raum zittert.

Lieber gehe ich nicht aufs Klo, der Gang ist zu unheimlich, der magische Ort zu dicht unter den bloßen Füßen. Lieber schlüpfe ich wieder zu Großvater unter die Decke. Ich wärme meine eisigen Zehen an Großvaters atmendem Bauch. Die Glut im Ofen ist verloschen, die unheimlichen Lichter an der Zimmerdecke sind verblaßt.

... Wenn ich nur schnell einschlafen könnte ... Wenn nur die leisen unregelmäßigen Schritte dort draußen auf dem Hof verstummen würden! Und wenn es in meiner Blase nur nicht so zwicken und ziehen würde ... Stoße ich den Fuß stärker gegen Großvaters Bauch, wacht er vielleicht auf und begleitet mich hinaus.

„Was ist denn das, zum Kuckuck!" grummelt Großvater böse.

Großvater schimpft immer im Namen des Kuckucks. Vielleicht ruft der Kuckuck deshalb heute nacht so schaurig von den Hügeln her und findet keine Ruhe, genau wie ich?

„Wenn du mich weiter so boxt, darfst du nicht mehr hier schlafen!" dringt Großvaters dunkle Stimme in die Finsternis.

„Ich muß aber!"

„Warum gehst du dann nicht?"

„Ich hab' Angst."

„Angst? Wovor, zum Kuckuck?" Jetzt ist Großvater wach.

„Vor ... hörst du nichts?"

„Wo denn?"

„Draußen. Draußen auf dem Hof ..."

Großvater schlägt die warme Decke zurück, tappt nach dem Morgenmantel, geht resolut zum Fenster. Er öffnet es heftig, beugt sich weit hinaus.

„Ist da wer?"

Ein hohles Echo wirft die Frage von den Hofmauern zurück. Totenstille.

Großvater wendet sich zu mir um, sein Körper hebt sich dunkel und noch größer als sonst gegen das Mondlicht ab.

„Was hast du denn gehört?"

„Schritte."

„In so einem alten Gebäude hört man viel", sagt Großvater. „Da ist niemand. Vielleicht hast du geträumt."

„Ich hab' noch gar nicht geschlafen."

„Dann wird es aber höchste Zeit", sagt Großvater und schließt mit einem Knall das Fenster: „So. Und jetzt bleib' ich auf, bis du eingeschlafen bist."

Großvater macht Licht und greift nach seinem Buch mit den verschwundenen Schiffen und den abgestürzten Flugzeugen.

„Kannst du denn mit solchen unheimlichen Geschichten einschlafen?"

„Ach so!" sagt er lachend, „*Deshalb* kannst du nicht schlafen! Ich hätte dir nicht aus dem Buch vorlesen sollen!"

Da ist mir, als hörte ich den Unheimlichen den Hof verlassen. Bei jedem Schritt zieht er ein Bein nach. Ein Schaudern fährt durch mich hindurch. Das Geräusch habe ich schon einmal gehört. Es war in der stillen Gasse, die zum „Schwarzen Adler" führt.

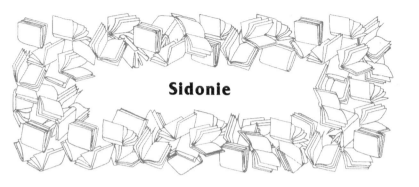

Sidonie

„Gehst du trotzdem mit mir aufs Klo?" bitte ich Großvater.

„Fürchtest du dich denn noch immer?"

„Ein bißchen."

„Na, dann komm!"

Großvater steht noch einmal auf und begleitet mich brummend durch den kalten schwarzen Gang zur Toilette. Das Licht funktioniert wieder einmal nicht. Wackelkontakt. Es flackert wie Wetterleuchten.

Ich halte Großvater an der Hand, die Gespenster streifen meinen Hals, meine Schulter, eines tippt mir mit Luftfingern auf den Kopf. Nur Großvater ahnt nichts, obwohl er mitten unter ihnen ist. Auf diesem Gang sind sie frei und böse, und das „Magische" packt mich an den Füßen und will mich hinabziehen. Zum Glück gibt es wenigstens in der Toilette Licht. Die Muschel wackelt, wenn man sich hinsetzt. Als ich noch kleiner war, hatte ich immer Angst, in das Loch zu fallen und darin zu verschwinden. Die Kette für die Spülung hat noch immer keinen Griff, und in der Ecke sitzt eine hellgraue Spinne.

„Die ist schon tot", beruhigt Großvater mich. „Schau doch, die ist ganz ausgeblichen und vertrocknet. Aber ich werd' der Frau Kovac sagen, sie soll ein bißchen gründlicher sein."

Die Frau Kovac, unsere Bedienerin, hat fünf Kinder und fürchtet sich vor Spinnen. Sie läßt sie hundert Jahre alt werden und fleißig Netze weben. Nur der Herr Leo graust sich nicht. Er gibt den Spinnen sogar Namen: Margarete, Ines, Susi, Liesl.

„Komm her, Liesl", sagt er und nimmt die Tierchen zart in seine große magere Hand und trägt sie zu einem Eck auf die Straße, wo sie vor den Tritten der Menschen geschützt sind. Leider darf ich nicht die Toilette der Angestellten benützen. Dafür dürfen sie nicht in den Privatbereich von Großvater.

Die Kälte der Kacheln schmerzt unter meinen bloßen Füßen. Schon wieder habe ich die Hausschuhe vergessen!

„Stehst du noch vor der Tür, Großvater?"

„Natürlich. Wo soll ich denn sein? Beeil dich bitte, sonst verkühlst du dich! Hast du auch deine Hausschuhe an?"

„Ja!"

Eisig ist es, sogar um meine Nase, und als wir zurückhuschen in Großvaters Bett, möchte ich seinen breiten Rücken und sein Hinterteil spüren und nicht nur seine Beine und Füße. Doch für zwei, die nebeneinander in der gleichen Richtung liegen wollen, ist kein Platz. Also bin ich wieder Sardine in der Büchse. Diesmal kann ich vor Frösteln nicht schlafen.

„Schläfst du schon, Großvater?"

„Wenn du mich läßt, ja!"

„Aber *ich* kann noch immer nicht schlafen!"

„Dann denk dir aus, was wir morgen gleich nach der Druckerei unternehmen können."

Großvater grummelt, er hat eine Bärenstimme tief drinnen im Bauch. Er ist zu müde, um zu reden.

Ich denke an morgen. Da fällt mir nichts ein. Ich denke an heute. An heute nachmittag, als ich meinen Pyjama und die Zahnbürste, die ich hier ohnehin kaum benütze, schon einmal aufs Sofa legen wollte.

Da stehe ich also mit Zahnbürste und Nachtgewand und schaue kurz aus dem offenen Fenster, weil ich ein merkwürdiges Geräusch vernommen habe. Ich blicke über den Hof und hinter die schmutzigen Scheiben im Parterre. Plötzlich bekommt die Scheibe mir gegenüber eine Zunge. Die Zunge ist rot und spitz und streckt sich zu mir heraus. Ich beuge mich vor, um besser zu sehen. Da ist die Zunge dort drüben verschwunden, und ich erkenne zu meinem Erstaunen einen Mädchenkopf mit braunem Haar und sehr blassem Gesicht. Ich habe hier noch nie ein anderes Kind gesehen.

Das Mädchen dort drüben macht das Fenster auf, schwingt sich auf das Fensterbrett und starrt mich frech an.

Ich starre zurück.

„Wie heißt du?" ruft das Mädchen über den Hof.

„Daniel."

„Ich heiße Sidonie. Ist dir auch so langweilig?"

„Nein."

„Dann komm' ich trotzdem." Sidonie hüpft herab und geht schnurstracks über den Hof auf Großvaters Zimmer zu. Sie will zu mir heraufklettern, beim Fenster herein.

„Du, hör einmal, das geht nicht. Du mußt bei der Tür hereinkommen, vorne, von der Straße her."

„Wieso? Ich bin doch schon da. Glaubst du, ich kann nicht klettern?"

„Doch. Schon. Aber ... hier darf keiner rein."

„Du bist doch auch da!"

„Das Zimmer gehört meinem Großvater. Ich bin sein Enkel."

„Na und? Meine Mutter ist da drüben Sekretärin, und da kommen alle drei Minuten Leute ins Zimmer. Wieso darf ich nicht zu dir rein?"

Sidonie ist stur. Versteht sie denn nicht? Hier kann niemand herein. Niemand. Das ist mein Schattenreich und Großvaters Privatreich.

„Du bist vielleicht komisch!" stellt Sidonie fest. „Na, dann eben nicht. Komm du halt runter, los, hüpf! Oder kannst du bloß durch Türen gehen?"

Also springe ich. Unser Fenster liegt höher über dem Hof als Sidonies. Ich knicke beim Aufprall mächtig ein und komme mit dem Knie auf dem Asphalt auf. Das Knie blutet.

„Bist du vielleicht ungeschickt!" Sidonie spuckt in ihr blaues Taschentuch und wischt mir, ehe ich mich versehe, über die rote Schramme auf meiner Haut.

„He, laß das. Das mach ich selber!"

„Graust dich wohl vor meiner Spucke, was?"

„Begeistert bin ich nicht gerade."

„Ich mach's nicht mehr. Einverstanden?" Plötzlich ist sie sehr nett. Hält den Kopf schief, schaut mir in die Augen. Da muß ich auch in ihre Augen schauen. Die sind glitzergrau. Ich spüre, wie ich rot werde wie eine reife Tomate.

„Du wirst vielleicht rot! Find' ich richtig schön. Ich bin immer weiß. Weiß wie ein Gespenst. Wollen wir Kirschkernspucken?" fragt Sidonie.

„Gut. Hast du Kirschen?"

„Ja, einen ganzen Sack voll. Aus unserem Garten. Ich ess' nur Kirschen... Ich mag weder Pfirsiche noch Marillen noch Johannisbeeren oder Stachelbeeren und all das."

„Warum nicht?"

„Die einen haben eine rauhe Schale, die anderen hundert winzige Kerne, und erst eine Stachelbeere! Pfui! Die ist ganz haarig. Das ist ja so, als würdest du eine Raupe essen."

„Hast du denn schon einmal eine gegessen?"

„Eine Stachelbeere?"

„Nein, eine Raupe."

„Fast! Mein blöder Bruder hat sie mir heimlich auf die Wange gelegt, als ich in der Sonne lag. Ich hab' gerade die Zunge rausgestreckt, weil mich was auf der Oberlippe gekitzelt hat, da hab' ich sie berührt."

„Warum hast du mir vorhin eigentlich die Zunge gezeigt?"

„So halt."

„Das ist doch keine Antwort."

„Für mich schon. Spielen wir jetzt?"

„Du bist auch komisch, weißt du. Nicht nur ich."

„Na gut. Dann hol' ich jetzt die Kirschen."

Bald ist der Bereich hinter der weißen Kreidelinie, die wir im Hof gezogen haben, voller Kirschkerne.

„Gewonnen!" ruft Sidonie plötzlich aus.

„Wieso denn?"

„Aus! Ich hab' mehr Kerne als du über die Linie gekriegt."

„Du mußt doch vorher sagen, wie oft wir spucken sollen, vielleicht schaff' ich noch drei Kerne mehr als du?"

„Nein! Ich hab' genug. Ich hab' gewonnen. Willst du ein Eis?"

„Hast du auch ein Eis dabei?"

„Nein. So was wächst leider nicht in unserem Garten!" Sidonie lacht laut auf. Es klingt wie ein Wasserfall aus Tönen, so ein richtiges Mädchenlachen.

„Aber vielleicht kauft dir dein Großvater eins?" sagt sie.

„Kennst du ihn denn?"

„Wieso sollte ich? Aber einer, der ein Büro hat, wo man nicht rein darf, ist der Chef. Der hat bestimmt Geld."

Sidonie ist nicht dumm. Sie ist ein eigenartiges Mädchen. Mit grauen Glitzer-Augen und einem Wasserfallachen. Daran muß ich jetzt, unter der Bettdecke, die mich nicht wärmen will, denken.

Großvater hat uns tatsächlich jedem ein Eis gekauft, aber wir haben beide Eistüten gemeinsam geschleckt, weil Sidonie von meinem Himbeergeschmack kosten wollte und ich von ihrer Vanillekugel.

„Jetzt macht dir meine Spucke nichts aus, was?" hat sie gesagt und mich angelächelt. Lächeln kann sie gut. Da schwimmen lauter Lachpünktchen in ihren Augen. Plötzlich hat sie aus ihrer Rocktasche ein kleines weißes Säckchen hervorgezogen und es feierlich geöffnet.

„Hier!" Sie hat mir die kleine Papiertüte unter die Nase gehalten. Drinnen habe ich eine Art schwarz glänzender Engerlinge entdeckt. Sie haben schrecklich gerochen. Nach einer Putzflüssigkeit von der Frau Kovac.

„Was ist das?"

„Du kennst Lakritzen nicht?" Sidonie schreit die „Lakritzen" heraus, als wüßte ich nicht, daß die Sonne Sonne heißt.

„Koste mal!"

Sie steckt mir eines der schwarzen harten Dinger in den Mund. Ihr Finger schmeckt salzig, die schreckliche Lakritze aber scharf und süß zugleich. Ich spucke sie in hohem Bogen zu den Kirschkernen.

„Weißt eben nicht, was gut ist!" sagt Sidonie, schleudert zwei Lakritzen in ihren weit geöffneten Mund, verschließt fest die Tüte und verstaut sie tief in ihrem Rock.

„Meine Mama ist aus Hamburg", erklärt Sidonie. „Von ihr hab' ich die Lakritzen, und sie hat mir auch beigebracht, wie man Salmiakpastillen ißt."

„Was ist denn das nun schon wieder?"

„Na ja, schwarze Pastillen eben. In Wien ißt man die scheinbar genauso wenig wie Lakritzen. Da gibt's einen Trick: Man macht den Handrücken feucht, klebt die Pastillen drauf und schleckt darüber."

„Du hast aber einen komischen Geschmack."

„Du auch. Nämlich gar keinen."

Mit einemmal streicht Sidonie ihr kinnlanges braunes Haar zurück, hält es straff zum Pferdeschwanz gebunden hoch.

„Gefällt sie dir?"

„Was?"

„Na, meine neue Frisur?"

„Ich find's schöner, wenn dein Haar herunterhängt!"

„Na gut. Dann lass' ich es so für dich. Ich will einmal Schauspielerin werden. Da kann ich genug Frisuren haben!"

„Unsere Sekretärin glaubt auch, daß sie eine Schauspielerin

ist: die Gina Lollobrigida. Sie schminkt sich genau wie sie. Sie denkt, daß sie so aussieht."

„Gina Lollobrigida? Urkomischer Name. Die kenn' ich nicht!"

„Die ist aber ganz berühmt!"

„Ißt sie Lakritzen?"

„Wie soll ich das wissen?"

„Dann brauch' ich sie nicht zu kennen! Spielen wir was?"

„Was?"

„Weiß nicht. Hast du Spielsachen zu Hause?"

„Ich hab' ... einen Holzreifen, noch von meinem Großvater, den kann ich mit einem Stab antreiben, und einen Ball und einen Tretroller, auf dem bin ich ganz schön schnell!"

Meinen Teddybär erwähne ich nicht. Am Ende lacht sie mich wieder aus.

„Da hast du aber eine ganze Menge. Ich hab' bloß eine Puppe", sagt Sidonie, „Und ein Mensch-ärgere-dich-nicht-Spiel. Ich hab' nur selten Geburtstag."

„Wieso denn?"

„Bloß alle vier Jahre! Ich bin an einem neunundzwanzigsten Februar geboren. Ich bin eben besonders."

Und eingebildet, denke ich.

„Du tust mir leid", sage ich plötzlich.

„Du mir auch. Weil wir daheim nämlich die Nicht-Geburtstage feiern. Ätsch! Und die sind an jedem achtundzwanzigsten Februar. Und am neunundzwanzigsten krieg' ich einen Extra-Tag, deswegen geht's mir besser als dir, auch wenn ich nicht so viel Spielsachen hab' wie du. Dafür sammel' ich Knöpfe. Ich hab' schon hundertunddreißig, und einer ist von der Uniform vom Kaiser Franz Joseph!"

„Zeigst du ihn mir morgen?"

„Glaub' ich nicht. Ich bin heute nur zufällig da, weil ich meine Wohnungsschlüssel vergessen hab'. Mir wär' hier auch zu langweilig, was soll ich hier?"

„Na, hör einmal! *Ich* bin doch da!"

„Aber doch nicht immer, oder?"

„Doch", sage ich zu ihrem Erstaunen. „Fast jeden Nachmittag nach der Schule."

„Und was machst du hier?" Ihre Glitzer-Augen sind nun weit geöffnet, winzige graugrüne Pünktchen schwimmen darin.

„Ich hab' eine Menge zu tun, ich ..."

Doch ich spreche nicht weiter. Wie könnte ich Sidonie erklären, was ich alles bin? Privatsekretär und König der Schatten und Matrose auf dem Schiff vom Columbus und ...

„Mir ist eigentlich nie langweilig", sage ich deshalb kurz.

„Toll!" stößt Sidonie aus.

Endlich findet sie auch an mir etwas Gutes.

Donner unter den Füßen

Am Morgen ist Großvater vor mir auf. Ich höre das Wasser in dem großen Blechtopf auf dem Ofen sprudeln.

Großvater hat sogar schon eingeheizt, und ich habe es nicht einmal gehört.

„Katzenwäsche!" ruft Großvater, als er bemerkt, daß ich vorsichtig zwischen den Wimpern hindurchblinzle, um ihn glauben zu machen, daß ich noch schlafe. Ich habe keine Lust, wieder über den eisigen Gang zum Waschbecken zu laufen, das sich neben der Toilette befindet. Es hat nur einen Kaltwasserhahn.

Warm und gemütlich ist es bloß hier. Doch Großvater hebt bereits den schweren Topf vom Ofen und trägt ihn hinaus.

„Schnell, schnell, sonst kühlt das Wasser aus!"

„Bist *du* denn schon gewaschen?"

„Selbstverständlich!"

„Glaub' ich aber nicht!"

„Dann glaub es nicht und wasch dich trotzdem. Unser Frühstück nehmen wir heut' im Café ‚Vogelsang' ein!"

Die Vögel sind jedoch längst aus dem Umfeld des Cafés geflohen. Kein Baum, kein Strauch weit und breit.

„Früher einmal", erzählt Großvater, „früher einmal stand hier eine Buche in einem Garten, und die Vögel haben um die Wette gezwitschert."

Heute pfeift statt ihnen der Kellner Franz. Denn das Café befindet sich direkt unter dem Stadtbahnbogen, der unsere Gegend vom feinen Bezirk trennt. Im Café „Vogelsang" haben die Gäste jetzt Beton vor der Nase und die Bahn über dem Kopf. Hauchdünne Rauchschleier schweben über den abgeschabten roten Samtsitzen, und unter viele der runden kleinen Marmortische hat der Kellner Franz eine mehrfach gefaltete Papierserviette geschoben, weil sie auf dem unebenen, fleckigen Holzboden wackeln. Aber auch die Tassen und Teller auf den Tischen wackeln, die Löffel und Gläser klirren – jedesmal, wenn über unseren Köpfen die Stadtbahn vorüberbraust. Dann donnert es gewaltig im Café, und man muß die Stimme heben, damit einer den anderen versteht. Alles zittert, sogar der Sitz unter mir und mit ihm der Boden unter meinen Füßen. Es ist, als säße ich auf dem Donner und er polterte mit mir davon. Der Kakao in meiner Tasse schwappt leicht über, und ich fange einige Tropfen mit dem Zeigefinger auf. Sie schmecken heiß und süß, aus echter gerührter Schokolade. Dazu gibt es ein Kipferl, dessen gebogene, spitz zulaufende Enden besonders knusprig sind. Die beiße ich als erstes ab. Anschließend tauche ich das dicke weiche Backwerk Bissen für Bissen in den Kakao.

„Du weißt, gehören tut sich das nicht, daß man die Bäckerei eintunkt", sagt Großvater. „Aber hier spielt es keine Rolle."

Drüben beim „Schwarzen Adler" darf ich sogar manchmal mit den Händen essen; zu den Würsteln gibt es ohnehin kein Besteck, und ich habe auch schon einmal eine Palatschinke zwischen die Finger genommen und die Marmelade vom Teller geschleckt.

Im „Schwarzen Adler" und hier im „Vogelsang" darf ich schlürfen und schmatzen wie die meisten Gäste auch, aber ich soll wissen, was sich gehört. Ich würde Großvater auch bestimmt keine Schande machen, wenn er mich einmal in das feine Restaurant zur „Glocke", jenseits des Stadtbahnbogens, einladen wollte. Aber in der feinen „Glocke" serviert der Ober bestimmt kein „Kriminalwasser" statt eines Mineralwassers und sagt auch nicht:

„Bitte sehr, hier ist der Hai, Daniel", wenn er ein Schnitzel vor mich hinstellt.

Trotzdem wäre Großvater froh, wenn die Buchhandlung und der Verlag jenseits des Stadtbahnbogens lägen, dort, „wo die Leute mehr Bücher lesen und ein bißchen was von Kultur verstehen."

Ich verstehe nichts von Kultur.

Mir geht es gut.

Drüben, im feinen Bezirk, spielt ein Junge stundenlang auf seinem riesigen Akkordeon, um ein bißchen Geld zu verdienen. Es bedeckt seine Brust, der Kopf ragt knapp über den Tasten hervor. Er ist zehn wie ich.

Ich muß nicht Akkordeon spielen.

Hier, im Café „Vogelsang", bin ich der jüngste Gast und werde bevorzugt behandelt.

Der Herr Franz serviert mir die köstlichste Schokolade mit „einer halben Rippe extra."

„Na, schmeckt's, der Herr?" fragt der Ober Franz und meint mich. Ich nicke, während sich die dickflüssige Schokolade cremig süß in meinem Mund ausbreitet.

„Weißt du, wenn deine Großmutter und ich so etwas Gutes während des Krieges gehabt hätten, ich glaube, der Kakao wär' uns zu Kopf gestiegen wie ein Viertel Wein!" sagt Großvater.

„Trink!" fordere ich ihn auf und reiche ihm meine Tasse mit dem süßen Rest darin.

„Danke, Daniel. Jetzt bin ich ja nicht mehr ausgehungert danach. Jetzt könnte ich mir zehn Tassen auf einmal bestellen, wenn ich wollte!"

„Und was habt ihr gegessen, wenn ihr doch so wenig hattet?"

„Was wir gekriegt haben: Manchmal waren es sogar Abfälle, eine einzige Scheibe steinaltes Brot oder nur eine dünne Suppe. Du darfst nicht vergessen, daß wir auf der Flucht waren. Einmal haben wir uns drei Wochen lang in einem halb verfallenen Gartenhäuschen versteckt und durften uns nicht blicken lassen. Nur nachts, im Schutz der Dunkelheit, konnten wir kurz hinaus."

„Was hätten die mit euch gemacht, wenn sie euch entdeckt hätten?"

„Eingesperrt und umgebracht. Wir waren ja Feinde!"

Ich greife nach Großvaters Hand. Es will nicht in meinen Kopf, daß ihn und Großmutter jemand hatte töten wollen. Ich halte die Feindhand – die Freundhand ganz fest.

„Aber ihr habt doch nichts getan, Großvater!"

„Ich war anderer Gesinnung als die herrschende Partei. Das hat genügt. Viele Menschen wurden auch bloß wegen ihrer Abstammung oder ihres Glaubens verfolgt und umgebracht. Es hat alles gegeben. Nur keine Menschlichkeit. Aber das habe ich dir doch schon erzählt, Daniel, eigentlich will ich nicht mehr über diese Zeit reden!"

„Aber ich versteh' es noch immer nicht!"

„Das wundert mich nicht. Ich begreif' es bis heute nicht, Kind. Es ist unfaßbar, was Menschen anderen Menschen antun können!"

Und weil der Ober Franz in der Küche verschwunden ist und wir mit dem Zahlen warten müssen, erzählt Großvater doch noch etwas: „Einmal sind deine Großmutter und ich in einem Wald versteckt gewesen, und zwar in einem verlassenen Haus. Wir durften kein Licht machen und uns durch nichts verraten. Wir hatten wie so oft großen Hunger. Deine Eltern waren zu diesem Zeitpunkt woanders untergetaucht und haben genau wie wir in ständiger Angst gelebt, entdeckt zu werden. Aber diese Geschichte kennst du schon. Eines Morgens fanden wir im Licht des hereinbrechenden Tages eine ganze Walnuß unter unserem Bett! Über diese eine Nuß haben wir uns so gefreut, daß ich hochsprang, deine Großmutter um die Taille faßte und mit ihr einen Walzer durch das Zimmer tanzte! Kannst du dir das vorstellen?"

„Wegen einer Nuß? Nein!"

„Es war ein Leckerbissen, den wir uns über den Tag hinweg ein-
geteilt haben. Jeder immer nur einen winzigen Mausebissen! Die
Schalen haben wir wieder aneinandergelegt und so getan, als wäre
die Nuß noch drin."

Ich bin stumm. Ich weiß: Großvater übertreibt nie, auch diesmal nicht, selbst wenn ich es nicht fassen kann.

„Weißt du, was der israelische Ministerpräsident Ben Gurion
vor einigen Jahren einmal gesagt hat?" fährt Großvater fort. „ ‚Ich
habe kein Brot, aber einen Traum!' hat er gesagt. So ähnlich ist
es uns damals gegangen. Wir haben vom Ende des Krieges geträumt, und das hat uns Kraft gegeben."

„So was können sich die Kinder heutzutage gar nicht mehr vorstellen!" mengt sich plötzlich ein alter Mann ein, der am Nach-
bartisch sitzt. „Das waren vielleicht dunkle Zeiten!"

„Ja, das kann man wohl sagen", murmelt Großvater abwesend.
Er ist nicht erfreut, daß sich der fremde Gast einmischt; ich kann
es an Großvaters Oberlippe erkennen, die zuckt immer so ein
bißchen, wenn ihn etwas stört.

„Wir haben so viel erlebt und durchgemacht, Daniel", sagt er
einen Ton leiser zu mir, „daß vier Leben dafür nicht ausreichen
würden. Besonders deine Großmutter ist eine tapfere Frau!"

„Verehrung, Herr Oberamtsrat!" ruft der Kellner Franz plötzlich aus, so laut, daß jeder in dem Lokal mitbekommt, daß sogar
ein Oberamtsrat dieses alte Café beehrt.

„Wünschen Sie die ‚Presse', wie immer, oder möchte der Herr
heute eine andere Zeitung lesen?"

„Die ‚Presse' ", entscheidet der Oberamtsrat knapp. Sein Dop-
pelkinn stößt gegen den hohen Hemdkragen, seine Brille sitzt auf
der Mitte des Nasenrückens. Über den Brillenrad hinweg mustert
er die Gäste im Café.

Als er mich entdeckt, verweilt sein Blick kurz auf mir, wandert
zu Großvater und wieder zurück. Langsam wird mir unbehaglich.

„Kennst du den, Großvater?"

„Schau weg!" befiehlt Großvater mir, der den Mann längst bemerkt hat.

„Das ist ein bekannter Modefabrikant", erklärt Großvater, als wir auf dem Weg zurück in die Buchhandlung sind. „Wo der seinen Titel herbekommen hat, weiß ich nicht. Jedenfalls gibt mir der Kerl nie ein Inserat für die Zeitung! Ich hab' ihn schon x-mal angerufen, und jedesmal hat der Geizkragen eine andere blöde Ausrede. Für mich ist er Luft."

„Und ich bin der Wind", sage ich. „Ein Sturm. Ein Orkan. Ich blase dir den Luft-Oberamtsrat fort!"

„Gut. Sehr gut. Du bist der beste Privatsekretär, den ich je hatte!"

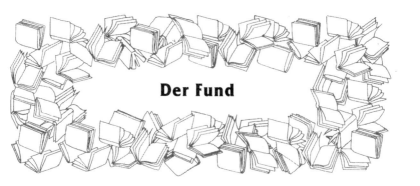

Der Fund

Heute hilft Großmutter in der Buchhandlung aus, weil Herr Leo später mit Großvater auf die Post fahren muß, damit die fertig gedruckten und gelieferten Zeitungen an die Abonnenten verschickt werden können. Großmutter hat schon ihre Stammkunden, obwohl sie nie verkaufen gelernt hat. „Außerdem wird sie die ältesten Schinken los!" meint Großvater anerkennend. Die „alten Schinken" sind meist unverkäufliche Bücher, die seit Jahren in den Regalen verstauben und die sich Herr Leo scheut anzubieten.

„Ach", stößt Großmutter plötzlich aus und blickt über die Straße, „im Haus gegenüber ist wohl einer gestorben."

Ein Totenwagen hält, zwei dunkel gekleidete Männer mit Mütze steigen aus. So nah habe ich noch nie einen Totenwagen gesehen. Er wirkt noch glänzender und viel länger als Großvaters vanilleeisfarbenes Auto. Und die schwere Samtdecke mit den Sternen, die den Sarg bedeckt, ist wunderschön.

„Da sind doch Sterne auf dem Tuch, Großmutter, oder? Weil die Toten ja in den Himmel kommen?"

Ich flüstere, weil alle so still sind. Großmutter hat mich nicht gehört.

„Wer kann denn das sein?" murmelt sie.

„Hoffentlich ist es nicht der alte Herr Bauer vom letzten Stock", meint Großvater. „Das ist gut möglich", sagt Frau Keller. „Der hat schon lang nicht mehr aus dem Fenster geschaut."

„Der hatte es auf der Lunge", meldet sich der Herr Leo. „Früher hab' ich ihm immer den Spitzwegerichsaft empfohlen, aber später hat der Arme ja kaum mehr Luft bekommen."

„Da!" ruft Frau Keller aufgeregt und deutet auf das Haus gegenüber.

„Der Gestorbene hat grad' aus dem Fenster geschaut", stellt nun die Paula in gleichgültigem Ton fest.

„Da bin ich aber froh!" ruft Großvater aus. „Das freut mich, daß der Alte noch da ist!"

Nach einer Weile führen die Leichenträger den hellen Sarg aus dem Haus, schieben ihn vorsichtig in den Wagen, werfen die schöne Decke darüber.

„Und wer liegt nun da drin?" will ich wissen.

„Im ‚Schwarzen Adler' werden sie es mir schon sagen", meint Großvater. „Tja. So ist das Leben. Genieße es, Daniel! Freu dich, soviel du nur kannst."

„Ach, du meine Güte", ruft Großmutter schon wieder aus. „Da kommt die Verrückte, diese Frau Peters. Und zu wem kommt sie? Natürlich zu uns! Ich verschwinde."

Großmutter klettert über die schräge Treppe auf die Galerie.

„Geh ja nicht zum grünen Vorhang!" warne ich sie erschrocken.

„Wieso? Ist dort ein Gespenst? Das wäre mir noch lieber als die Frau Peters."

Da schwirrt sie auch schon bei der Tür herein: klein, dünn, hektisch, mit lebhaften Spatzenaugen und stecknadelkurzem Haar.

„I speak already a little bit of English", sprudelt sie gleich hervor. „Jetzt will ich mit Ihren Sprachführern Spanisch lernen. Anschließend Schwedisch, Griechisch, Japanisch und Suaheli."

„Und dann nichts wie auf nach Afrika!" scherzt Großvater und meint es durchaus ernst. In Afrika wäre Frau Peters für lange Zeit am sichersten aufgehoben.

Alle drei Monate erscheint sie in unserer Buchhandlung, kauft einen neuen Sprachführer, lernt ihn auswendig und überfällt uns mit ihren frisch erworbenen Kenntnissen.

„Tu parli italiano?" fragt Frau Peters plötzlich mich und beugt sich weit über das Pult. Ich schüttle den Kopf. Die soll mich bloß in Ruhe lassen.

„Wenn ich dich frage: ‚Tu parli italiano?' – mußt du ‚si' antworten! ‚Si' heißt ja. Ich bring' dir gerade ein bißchen Italienisch bei."

„Brauch' ich aber nicht."

„Doch, doch. Hör zu. Ich – heißt ‚Io'. Du – heißt ‚tu'. Und sprechen – heißt ‚parlare'."

Ich blicke Großvater hilfesuchend an. Der zuckt mit den Achseln, verdreht die Augen.

„Also: ‚Tu parli italiano?'" wiederholt Frau Peters stur.

„Si", sage ich. Und denke plötzlich an Sidonie. „Tu parli italiano?" werde ich sie fragen. Und sie wird kein Wort verstehen. Dann erkläre ich ihr stolz: Das war Italienisch. Das kann ich nämlich ein bißchen.

„Was heißt Eis?" will ich wissen.

„Gelato."

„Ein Gelato ist jetzt eine gute Idee", findet Großvater und nimmt mich an der Hand. Schon sind wir entkommen. Arme Großmutter. Sie muß wohl auf der Galerie ausharren, bis Frau Peters Suaheli gelernt hat.

Als wir zurückkommen, schimpft sie: „Ihr seid mir die Richtigen! Haut einfach ab und laßt mich dort oben verhungern!"

„Gott sei Dank haben wir auch genug normale Kunden, vor denen wir nicht zu flüchten brauchen", meint Großvater.

„Die seltsamen fallen halt nur mehr auf", sagt Herr Leo.

„Seltsame Leute gibt's hier genug!" mengt sich plötzlich die Paula ein. „Vorhin ist einer dagewesen, der hat gefragt, wie viele Leute eigentlich in diesen Riesengeschäftsräumen arbeiten und ob das Kind jeden Tag da sei. *Dich* hat er gemeint", erklärt mir die

Paula. Sehr kalt wird mir mit einemmal, und Großvater sagt: „Ich hoffe, Sie haben keine Auskunft gegeben, das geht niemanden etwas an!"

„Ich hab' gefragt, warum er das wissen will, da hat er geantwortet: Weil er herausfinden muß, wie viele Leute er mitnehmen müsse, falls seine Freunde mit einer fliegenden Untertasse landen würden. Als Rettungsdienst sozusagen. Dann ist er verschwunden."

„Rettung wovor?" fragt jetzt Frau Keller.

„Vor dem Weltuntergang vielleicht", meint Herr Leo. „Der steht ja angeblich bevor."

„Jetzt fangen Sie nicht schon wieder mit ihren finsteren Voraussagen an, Herr Leo!" warnt Großvater.

„Möglich wäre es ja", meint die Paula.

„Und wer rettet uns vor den Irren?" fragt Großmutter.

„Wir selber", sagt Großvater.

„Vielleicht, indem wir sie ernst nehmen", meint Herr Leo.

„Und wie hat dieser ... dieser komische Mann ausgesehen?" frage ich endlich.

„Er war mittelgroß, würd' ich sagen. Irgendwie hat er dem Verfolger von der Frau ähnlich gesehen, die gestern bei uns telefoniert hat. Aber ich kann mich auch irren."

Sie irrt sich nicht, denke ich. Der Unheimliche wollte einfach auskundschaften, mit wie vielen Personen er bei einem Überfall rechnen müßte ...

„Aaah!" ruft Großvater plötzlich erfreut aus, weil unser Nachbar, der Herr Ettlinger, bei der Tür hereinkommt. Ihm gehört die Trafik.

„Vielleicht haben *Sie* etwas Erfreuliches zu erzählen? Hier herrscht gerade Weltuntergangsstimmung", sagt Großvater.

„Weltuntergang? Von dem sind wir noch weit entfernt, solange sich die Erde um die Sonne dreht!" sagt Herr Ettlinger und lacht. „Weißt du eigentlich, wieso das so ist?" fragt er mich, läßt mich aber gar nicht erst antworten: „Die Schwerkraft der Sonne zieht die Erde an. Die Erde wiederum übt einen Gegenzug aus, und so bleiben sie immer im gleichen Abstand, die zwei, wie durch ein unsichtbares Band verbunden."

So ist es! Seit ich damals auf der Treppe gelauscht habe, bin ich mit dem Unheimlichen durch etwas Unsichtbares verbunden, ganz gleich, wie weit weg er sich auch befinden mag ...

„Aber das mußt du doch in der Schule gelernt haben", meint Herr Ettlinger, „warum schaust du mich so verwirrt an?"

„Sie haben da oben einen blauen Fleck!" sage ich.

Herr Ettlinger spuckt in die Finger, reibt sich kräftig die Stirn. „Ich hab' heut die Wände ausgemalt und halt gleich einen Indianer aus mir gemacht! Spielst du gern Indianer?"

„Nein!" sage ich unwirsch.

„Er hat gar keine Zeit zum Spielen", verteidigt Großvater mich, „jedenfalls nicht hier. Er ist mein Sekretär – und ein ausgezeichneter noch dazu!" Großvater legt mir die Hand auf die Schulter, und der Weltuntergang kann warten.

„Haben Sie einen neuen Simmel oder Konsalik?" fragt Herr Ettlinger jetzt. „Und drei gute Krimis, aber nur gebunden!"

Herr Leo legt die Neuerscheinungen der Bestsellerautoren in Windeseile vor. Gebunden heißt, nicht in Taschenbuchform, sondern mit festem Buchdeckel; Herr Ettlinger verläßt kurz darauf mit fünf dicken Büchern unser Geschäft.

„Wenn wir zumindest zwanzig solche Stammkunden hätten, das wäre schon etwas!" meint Großvater.

„Ich frag' mich, wozu du diesen düsteren Laden überhaupt aufrecht erhältst." Großmutter schüttelt den Kopf. „Du könntest den Verlag in moderneren Räumen unterbringen, wo die Sonne reinscheint und es warm und freundlich ist."

„Vielleicht gelingt es Daniel eines Tages, eine erstklassige Buchhandlung aus diesem Lokal zu machen. Wer weiß", entgegnet Großvater.

„Ich werde Kapitän und segle nach Amerika", erkläre ich jedoch.

„Schaust du dir vorher noch die neue Buchlieferung mit mir an?" fragt Herr Leo.

Wenn die neuen Bücher ankommen, ist das immer ein aufregender Moment. Sie glänzen und haben einen besonderen Geruch.

Da entdecke ich mein Lieblingsbuch, den „Robinson Crusoe". Die Geschichte des Mannes, den es auf die einsame Insel zu den Menschenfressern verschlagen hat. Herr Leo schreibt mit einem weichen Bleistift den Preis innen auf den Buchdeckel, und ich ziehe mich mit meiner Beute zurück. Schnell tauche ich in die Abenteuer ein, die mich vergessen lassen, wo ich bin. Sie jagen mir Schauer über den Rücken, über die Kopfhaut und bis in die Fingerspitzen. Die kantigen, in dunklen Farben gehaltenen Zeichnungen tragen mich weit fort in eine neue, fremde Welt.

Ich bin Robinson, der mit seinem Schiff gekentert ist, und der einsamste Mensch auf dieser verlassenen Insel. Bis zum Tag, an dem ich den grausigen Fund entdecke: Versteckt hinter einem Busch, beobachte ich die Menschenfresser bei ihrem schrecklichen Mahl ...

Nichts kann diese Geschichte übertreffen.

Plötzlich ruft mich Großvater zu sich. Herr Leo unterbricht das Bücherauspreisen und trägt rasch gemeinsam mit Frau Keller einen besonders langen Tisch aus der Garderobe herein. Auf dem werden in mehreren Stößen die eben von der Druckerei gelieferten Zeitungen geschlichtet, die später verschickt werden. Das Falten und Binden der Zeitungen muß sehr schnell gehen, die Exemplare müssen pünktlich auf die Post. Ich helfe mit, schon allein deswegen, damit Großmutter sieht, daß ich hier gebraucht werde.

„Die Schleifen, dalli dalli!" ordnet Großvater an. Die Schleifen sind handbreite, feste Packpapierstreifen, die dicht um die Zei-

tung gelegt und mit der entsprechenden Adresse versehen werden. Herr Leo taucht einen dicken Pinsel in honigfarbenen, zähflüssigen Leim und bestreicht ein Ende des Streifens mit der klebrigen Masse. Wenn man das Gesicht über den Topf mit dem Leim hält, steigt einem ein scharfer Geruch in die Nase, von dem einem leicht schwindlig wird, und Großvater zieht mich am Schopf zurück.

„Laß das!" warnt er mich. „Hier! Mach lieber was Vernünftiges."

Nun darf ich selber einige Zeitungen binden. Ich fasse den Streifen geschickt am trockenen Ende, lege ihn eng um die Zeitung, klebe ihn mit dem duftenden Leim zu und reiche das Exemplar der Paula weiter, die die Stöße mit einem Strick zusammenbindet.

„Der Junge hilft ja ganz schön mit", stellt Großmutter endlich zufrieden fest.

Noch etwa hundert Zeitungen, dann ist der erste Schub erledigt, Großvater fährt mit Herrn Leo auf die Post, und ich bin wieder frei. Ich habe nämlich in der letzten Woche etwas entdeckt. Etwas, was Großvater schon länger vermutet. In unserer kleinen Kaffeeküche habe ich im Abfalleimer und unter einem Schrank zwei leere Flaschen entdeckt. Ich habe an ihnen gerochen und schnell den Kopf zurückgezogen. War das vielleicht scharf! „Whisky" stand auf der einen Flasche und „Brandy" auf der anderen.

Im alten Garderobeschrank, unter schmutzigen Arbeitsmänteln, finde ich heute zwei weitere Flaschen, halbvoll. Auf den Schildchen steht ebenfalls „Whisky" drauf. Die hat Frau Keller hier versteckt. Sie hat mir auch schon lange keine Bonbons mehr geschenkt, und neulich hat sie furchtbar traurig ausgesehen: „Stellen Sie sich vor, Herr Chef", hat sie zu Großvater gesagt. „Statt einer Schwiegertochter bringt mir mein Sohn ein Pferd daher!"

„Was machst du denn da, Daniel?" Der Herr Leo steht plötzlich hinter mir. Ich deute auf die Flaschen.

„Hab' ich's mir doch gedacht!" ruft er leise aus. „Sie trinkt wieder einmal wie ein Loch! Aber hier herumschnüffeln solltest du trotzdem nicht."

Ich folge Herrn Leo in die Küche. „Sollen wir es Großvater sagen?"

„Nicht heute, wo er wegen der vielen Zeitungen nervös ist. Ahnen wird er es sowieso."

Herr Leo hat jetzt keine Zeit, sich mit mir über Frau Keller zu unterhalten. Er muß aus dem Arbeitsmantel heraus und in sein Sakko hinein. Er schlüpft aus den alten Pantoffeln und mit Hilfe des ausgedienten Kochlöffels, den er als Schuhlöffel benutzt, hinein in seine blitzblank geputzten Schuhe. Zum Glück kocht hier keiner. Außer einigen Gläsern, Tassen, Tellern und wenig Besteck liegen selbst hier überall Bücher in den Regalen und Kästchen. Verstaubte Romanhefte, alte Kataloge und Telefonbücher, deren Papier Großvater zum Heizen verwendet, türmen sich auf dem Kasten. In einem der Fächer befindet sich eine Briefwaage, auf der Herr Leo die Geschäftspost abwiegt, um anschließend die entsprechenden Briefmarken aufzukleben.

„Daniel, komm her, es gibt einen extra Leckerbissen!" ruft Herr Leo dann, und ich darf die Rückseite der Marken ablecken, während ich ihm großzügig den Klebestreifen der Kuverts überlasse.

Großmutter schimpft zwar, daß man davon krank wird, doch Großvater sagt: „Krank wird man nur, wenn man zuviel an die Gesundheit denkt."

Das unterste Fach in dem stets unversperrten Kasten liebe ich besonders. Dort werden die vergessenen Sachen der Kunden aufbewahrt: eine Brille, ein Strohhut, drei Kugelschreiber, eine Tabakdose, vier Schirme, ein Portemonnaie und – der schlammgraue, prankenähnliche Lederhandschuh.

Er hat dicke weiße Steppnähte an jedem Finger und eine narbige Haut. Ich wage nicht, ihn anzufassen; bestimmt hat ihn das „Magische" aus dem Kohlenkeller längst berührt und in die Hand eines Geistes verwandelt. Der Geist streift tagsüber seine Hülle ab und läßt sie hier liegen. Nachts schlüpft er lautlos in sie hinein und streicht mir über den Kopf, wenn ich bei Großvater schlafe und über den Gang auf die Toilette muß. Oder ... er gehört dem Unheimlichen, weil er immer schon da war, lange bevor ich das Gespräch über ihn mitangehört habe ...

„Nicht wahr, das muß ein Riese von einem Mann sein, dem dieser Handschuh gehört!" sagt Herr Leo, der mich die ganze Zeit beobachtet. „So einen Menschen gibt's doch gar nicht! Wer weiß, vielleicht ist es doch ein Burggespenst oder irgendeine unheimliche Gestalt aus dem Jenseits. Schon ein indisches Sprichwort sagt: Alles, was hier ist, ist auch dort. Verstehst du das, Daniel?" fragt Herr Leo.

Ich nicke. Und schweige.

Ein besonderer Tag

Es ist noch früh am Morgen, und meine Bettdecke liegt auf mir wie eine große warme Katze. In meinem Bauch rollen Kieselsteine. Die Mama streicht mir über den Kopf, über die Stirn, Papa rückt mit einem Fieberthermometer an.

„Du brauchst nicht wegen mir zu Hause zu bleiben, Mama. Ich leg' mich lieber aufs Sardinensofa ins Geschäft."

„Nein. Ich bleib' bei dir. Dort ist es zu kalt, und außerdem redet dir der Herr Leo alle möglichen Krankheiten ein. Deiner Großmutter hat er wegen ihrer Hühneraugen gleich Hammerzehen, Senkfüße und Rheuma prophezeit, sodaß sie jetzt auf Kur ist!"

„Stell dir vor, was dem Herrn Leo erst für Gründe für dein Bauchweh einfallen!" sagt der Papa.

Mein Bauchweh hat jedoch nur *einen* Grund, und über den möchte ich nicht reden. Trotzdem werde ich noch heute mit Großvater darüber sprechen müssen. „Ich bin sicher, daß es mir bald besser geht!" sage ich deshalb sehr bestimmt. „Ich weiß, warum mir schlecht ist. Ich hab' gestern zu viel Eis gegessen."

„Dabei bitte ich deinen Großvater immer, er soll ein bißchen aufpassen, was du ißt!"

„Ich kann auf mich selber aufpassen", sage ich.

„Also, was ist? Willst du dich hinlegen?" fragt Großvater, als wir eine halbe Stunde später die Buchhandlung betreten. Er berührt prüfend mit den Lippen meine Stirn und mit dem Handrücken meinen Hals.

„Temperatur hast du keine", stellt er beruhigt fest. „Zeig noch einmal die Zunge!"

Ich strecke weit die Zunge heraus. Auf der Zunge kann man das, was ich habe, nicht sehen.

„Rot und gesund. Ich glaube, es geht dir wieder gut!"

„Besser", schränke ich ein.

„Willst du die Post übernehmen? Das wird dich ablenken."

Großvater setzt sich an seinen Schreibtisch, der hat ein verborgenes Fach, das gehört mir. Ich ziehe es an einem kleinen Griff heraus – schon habe ich eine eigene Schreibunterlage, auf die mir Großvater nun den Stoß mit Zeitungen, Briefen und großen Kuverts zuschiebt.

„Bitte sehr, Herr Sekretär!"

Bevor Großvater die Post öffnet, muß ich sie ordentlich aufteilen: in Briefe, die die Buchhandlung betreffen, in solche, die für den Verlag bestimmt sind, in Werbematerial und in Fachzeitschriften. Mit dem Einteilen der Post bin ich innerhalb einer Viertelstunde fertig. Nun schlitzt Großvater die Kuverts mit seinem langen silbernen Brieföffner auf, überfliegt einige Schreiben, während er andere zur Bearbeitung in eine Mappe legt. Bei manchen jedoch entscheidet er blitzschnell: „Ab ins große Archiv!"

Das „große Archiv" ist nichts anderes als der dicke Papierkorb.

„Wieso wirfst du den Brief da einfach weg?"

„Man muß Wichtiges von Unwichtigem unterscheiden können. Das lernst du nach einiger Zeit auch! Warte ab, bis du so alt bist wie ich."

Ich möchte auf überhaupt nichts warten müssen. Schon gar nicht auf das Ende des Tages.

„Komm, Sekretär Daniel, wir fahren in die Druckerei. Ich muß die Seiteneinteilung für die Zeitung besprechen. Wenn du willst, nehm' ich dich mit. Oder hast du noch Schmerzen?"

„Nein. Sie sind fast weg."

„Warte!" ruft da Herr Leo beflissen. „Ich bereite dir noch schnell einen Kamillentee zu, damit du keine ‚Bauchverschlechterung' bekommst."

„Mir wird höchstens schlecht vom Kamillentee. Danke, Herr Leo."

In der Druckerei ist es beißend heiß. Der Lärm der vielen gewaltigen Maschinen, die wie bewegliche Ungetüme aussehen, schlägt mir entgegen, umfängt mich von allen Seiten. Die Rotationsmaschinen spucken riesige Bögen Papier aus, es klappert und rattert und hämmert, wohin ich auch blicke. Und es hämmert in meinem Kopf.

„Willst du eine Weile beim Setzer zusehen?" fragt Großvater.

„Ein anderes Mal", sage ich. Obwohl der Handsetzer für mich ein Zauberkünstler ist, der mit geschickten Fingern die Buchstaben Zeile für Zeile spiegelverkehrt aneinanderreiht. Und doch kann er sie mühelos lesen. Eine ganze Stunde braucht er für eine einzige Seite, bis alle Wörter, die Zeilenlängen und die Zwischenräume stimmen! Das ist mir heute zu mühsam. Der Lärm und der stickige Geruch treiben mich nach draußen.

„Ich geh' zu unserer Zuckerlfrau ums Eck", sage ich. „Mir ist hier einfach zu heiß!"

Das Geschäft der Zuckerlfrau liegt am anderen Ende der Straße, ganz nahe beim Donaukanal. In den kann ich später Steine werfen, bis Großvater fertig ist.

Die Zuckerlfrau kennt mich gut. Sie hat ein rundes rotes Gesicht und winzige graue Löckchen wie ein Lamm. Sie steht inmitten all der süßen Köstlichkeiten und darf doch keine davon berühren.

„Ich bin zuckerkrank", hat sie uns einmal erzählt. „Ich darf nur mit den Augen essen."

Ob sie wohl diese komischen Lakritzen hat? Sidonie fällt mir ziemlich oft ein. Plötzlich sage ich zu der runden Frau: „Bitte fünf Deka Lakritzen."

„Was?" fragt sie. „Dir schmeckt so etwas? Ich kenn' kein Kind, das Lakritzen mag."

„Die sind nicht für mich, die ... die kaufe ich für meinen Großvater."

„Na, dann geb' ich dir noch fünf Deka drauf, er ist ja ein Stammkunde von mir."

Vielleicht sehe ich Sidonie doch noch einmal, und ich schenke ihr die schwarzen Lack-Engerlinge. Bestimmt kriegt sie dann die schönen schimmernden Pünktchen in den Augen ...

Eine Weile treibe ich mich am Kanal herum, dann gehe ich zurück zum Tor der Druckerei und warte auf Großvater. Da fällt mir wieder ein, worüber ich unbedingt noch heute mit ihm reden muß, und schon spüre ich es wieder in meinem Bauch rumoren.

„So, für heute bin ich fertig", höre ich Großvaters Stimme hinter mir. „Jetzt ist es tatsächlich Mittag geworden. Wenn du willst, gehen wir zum ‚Schwarzen Adler' auf eine Portion Palatschinken, die werden dir nicht schaden."

„Flippern wir dann ein bißchen?"

„Ehrensache!"

Als wir in unsere Straße zurückkommen, höre ich mit einem Schlag wieder diese eigenartigen Schritte. Die Schritte gehen in meinem Kopf spazieren; sie sind das einzige Geräusch, das ich vom Unheimlichen kenne. Jäh wende ich mich um. Hinter uns geht ein Mann, er zieht ein Bein ein wenig nach. Er ist alt, er hat einen großen Schlapphut auf, er geht gebeugt. Ich kann sein Gesicht nicht sehen, doch der Körper ist mager, er paßt nicht zu dem Unheimlichen, der mich nicht losläßt. Wie ein lauerndes Warten hüllt er mich ein.

„Wenn du dauernd nach hinten schaust, wirst du dir vorne den Kopf anstoßen", sagt Großvater.

Als wir in den „Schwarzen Adler" kommen, steht ein Betrunkener schief wie der Turm von Pisa an der Schank.

„Nix mehr heute!" entscheidet der Wirt, als der Mann ihm sein leeres Glas zum Nachschenken hinhält.

„Oh, guten Tag, die Herrschaften!" ruft der Wirt uns erfreut entgegen, als wir näher treten. Und zum Kellner sagt er: „Poldi, den Ecktisch für die beiden Herren!"

Der zweite Herr bin ich.

Schnell wandert mein Blick von Gesicht zu Gesicht. Da ist eines darunter, das mir aus einem unerklärlichen Grund nicht gefällt, von dem Mann strömt etwas Beunruhigendes aus, als könnte er jeden Augenblick aufspringen und eine Pistole ziehen. – Jetzt weiß ich es. Er ist damals mit dem Unheimlichen an einem Tisch gesessen. Heute sitzt er allein.

„Haben sie den Räuber schon gefunden?" frage ich plötzlich.

„Der beschäftigt dich, was?" sagt Großvater. „Ich glaube, du liest zu viele Krimis! Kannst du nicht ein bißchen von mir lernen, nämlich dich *nicht* zu fürchten? Das mit dem Fürchten ist so eine Sache, weißt du. Es kann die Angst und das Schlechte anziehen."

Und noch jemanden, denke ich beklommen.

„Natürlich gibt's auch Situationen, da kann man die Angst ruhig zeigen!" fährt Großvater fort. „Beim Zahnarzt meinetwegen oder wenn ein Feuer ausbricht. Da kann einem die Angst helfen, schneller zu laufen. Man muß sich halt nur im richtigen Augenblick fürchten. Das ist es!"

Ich bin eben anders. Aber ich werd' es schon noch lernen, das mit dem Fürchten. Gestern in der Klasse hab' ich mich vom Schläger-Hannes, als er auf mich zugekommen ist, nicht mehr einschüchtern lassen. Ich hab' dem Hannes ganz fest in die Augen geschaut und bin keinen Zentimeter ausgewichen. Da hat er sich umgedreht und sich einen anderen zum Sekkieren gesucht.

Plötzlich blickt der Fremde von dort drüben her, steht auf, kommt auf uns zu, und die Furcht fährt durch mich hindurch wie ein Blitz.

„Ihnen gehört doch das beige große Auto, oder?"

„Ja", sagt Großvater. „Und was ist mit meinem Wagen?" Seine Stimme nimmt diesen dunklen, sehr bestimmten Ton an.

„Es ist Ihnen vorhin einer reingefahren, nur ein Kratzer, ich hab' mir's angesehen. Ich hab' die Nummer von dem Lenker aufgeschrieben!" damit läßt der Mann einen abgerissenen Zettel auf das karierte Tischtuch fallen.

„Danke", sagt Großvater. Gleich darauf verläßt der Mann das Lokal.

„Es gibt immer Leute, die einen beobachten", sagt Großvater und steht auf. „Ich schau' mir die Sache an!"

„Warte!" rufe ich Großvater nach. Doch er ist schon verschwunden. Ganz steif sitze ich da. Unglaublich fremd unter den rauhen Gesichtern. Sogar die Flippermaschine ist ein metallenes Monstrum.

Bestimmt wollte der fremde Mann sich nur an mich und Großvater heranmachen. Und die Wagennummer ist falsch!

Großvater ist schnell zurück. „Nicht der Aufregung wert", sagt er. „Bringen Sie uns eine Portion Gulasch", bittet er den Kellner Poldi. Der schwitzt schon wieder auf der Oberlippe. Er wischt sich mit dem Geschirrtuch über den Nacken, aber er ist sehr höflich. Er ist so höflich, daß er stets mit gebeugtem Rücken vom vielen unterwürfigen Verneigen einhergeht. Er paßt so wenig in dieses rauhe Lokal wie der Herr Leo zu unseren Büchern.

„Gulasch ist leider aus. Ich bedaure sehr."

„Dann bringen Sie es gleich doppelt!" sagt Großvater, aber der Poldi versteht keine Witze. Er empfiehlt Bratwurst mit Sauerkraut.

„Auch gut!" sagt Großvater.

„Bitte sehr, sehr gerne!" Der Poldi watschelt in seinem schwarzen Anzug und dem weißen Hemd wie ein Pinguin in Richtung Küche.

Als wir zahlen und er sein Trinkgeld einsteckt, leiert er wie stets seinen Spruch herunter: „Danke schön, danke sehr, vielen Dank, danke vielmals, danke."

Nie ändert er die Reihenfolge, nie fehlt auch nur ein einziges Wort.

„Komm, Daniel, auf zum Flippern. Bevor wir wieder arbeiten, müssen wir noch etwas leisten!"

Jetzt muß es heraus. Obwohl ich viel mehr zu sagen hätte, als über den eigentlichen Grund meines Bauchwehs zu reden.

Nämlich zu erzählen, was ich all die Tage beobachtet habe. Aber zu dieser Welt hinter dem grünen Vorhang, wo sich das schwarze Loch befindet, hat Großvater keinen Zugang. Allem, was hier geschieht, und allen Gestalten, denen ich begegne, muß ich allein entgegentreten.

Flippern kann ich jetzt jedenfalls nicht. Großvater läßt mich spielen, und ich bringe ihm dafür zwei Vierer! Morgen schon! In meinem Zeugnis steht es schwarz auf weiß:

Mathematik: 4

Geographie: 4

Einser habe ich gar keinen, und fast wären die Vierer Fünfer geworden. Ich sei auf dem besten Weg dorthin, meint der Lehrer.

Großvater wird nicht allzu sehr schimpfen, doch bis morgen darf ihn keiner reizen. Morgen muß ich das Zeugnis zu Hause vorlegen, und dann soll er mir helfen, ein Donnerwetter zu verhindern. Es ist nicht das erste Mal, daß Großvater auf meiner Seite steht, um mich gegen den Groll der anderen abzuschirmen. Er kann mich mit einem einzigen Satz beschützen. *Hauptsache, wir sind gesund.*

Das geht so vor sich: Am Zeugnistag erscheinen wir beide zu einem Zeitpunkt, wo Großmutter und auch die Eltern sicher zu Hause sind. Großvater läutet also dreimal beim Haustor, sperrt auf, und zur gleichen Zeit steht Großmutter oben im zweiten Stock an der offenen Wohnungstür. Sie wird der Vorbote für die schlechte Nachricht sein.

Großvater ruft bereits im Stiegenhaus laut hinauf: *„Hauptsache, wir sind gesund!"* Die magischen Worte hallen im ganzen Haus.

Sie gelten erstens als Erkennungszeichen für schlechte Noten, zweitens zur Besänftigung des daraus folgenden Ärgers. Denn was gibt es Wichtigeres als ein gesundes Kind?

Während wir also langsam die Treppe hochgehen, hat meine Großmutter Zeit, sich auf das Zeugnis einzustellen und das *Hauptsache, wir sind gesund!* ins Wohnzimmer weiterzurufen. Dort erreicht es Vater, der die Abendzeitung liest. Jeder ist vorbereitet, das Donnerwetter bricht nicht mit voller Kraft über mich herein, denn Großvater strahlt, als er mit mir vor der Tür steht, als brächte er die Sonne mit. Er streicht mir über das Haar, schiebt mich vor sich her in die Wohnung, Großmutter schimpft schon ein bißchen, Vater schüttelt den Kopf, und Mutter sagt streng: „Nun zeig einmal her. In welchem Fach hängst du denn diesmal wieder?"

„Er wird sich bessern", verspricht Großvater stets, und ich nicke.

Genauso wird es hoffentlich auch diesmal wieder sein.

Da spreche ich es endlich aus.

„Du ... du Großvater ...", beginne ich im „Schwarzen Adler". „Ich habe zwei Vierer im Zeugnis. Aber der Lehrer ist ungerecht. In Mathematik haben die meisten anderen Kinder auch schlechte Noten, und Geographie ist dieses Jahr so langweilig, daß wir alle einschlafen."

„Schon wieder!" seufzt Großvater. „Aber merk dir eins: Die anderen Kinder interessieren mich nicht, und schlafen tust du besser zu Hause. Sind das also die Bauchweh-Vierer von heute früh?"

„Ja. Du warst doch auch nicht gut in der Schule, und heute bist du wer!" versuche ich mich zu verteidigen.

„Schon. Aber ich habe immer zur rechten Zeit das Richtige gelernt", entgegnet Großvater, ohne näher darauf einzugehen. „Außerdem vergleich dich nicht mit mir. Wenn du weiterkommen willst, mußt du dich eben anstrengen. Du bist für dich selber verantwortlich!"

„Hilfst du mir trotzdem wieder, wenn ich das Zeugnis herzeigen muß?"

„Was denn sonst?"

Endlich kann ich aufatmen.

„Gehen wir jetzt flippern?"

„Eigentlich sollte ich dich nicht an den Apparat lassen", meint Großvater. „Zur Strafe. Aber ich halt' nicht viel von Strafen. Das weißt du ja. Also komm, du Gauner. Aber das nächste Mal genügt *ein* Vierer. Hauptsache ist jedenfalls, du kommst durch!"

„Und ich bin gesund!"

„Und du bist gesund!"

Als wir ins Geschäft zurückkehren, erwartet mich eine Überraschung. Er ist da. Still lächelnd und schmächtig: der Chinese. Er verharrt wartend in einem dunklen Eck des Raumes, sein Haar und sein langer Schnurrbart glänzen schwarz.

Der Chinese bewegt sich auch nicht, als wir auf ihn zukommen. Er ist in seine Märchenwelt gehüllt, er ist fern, ganz fern, und doch steht er hier vor mir. Sogar Großvater tritt leiser auf, geht in leichten Schritten auf den kleinen Mann zu.

Der Chinese verneigt sich kaum merklich, er hat seinen Bauchladen umgeschnallt, den weinroten Koffer, in dem die Geheimnisse liegen. Gleich wird er ihn lautlos öffnen, gleich wird er die bunten Seidenpapiergebilde an den schlanken Holzstäbchen hervorholen. Feinst gefaltete Lampions, Wunderblumen, Fächer und Männchen. Da! Das erste Zauberding liegt zwischen seinen Fingern, er redet noch immer kein Wort, läßt nur die kräftigen Farben sprechen. Er macht einen einzigen geschickten Schritt nach vor, in den Lichtstrahl hinein, der quer durch die hohen Fenster dringt und die Staubkörnchen wie Leuchtpünktchen tanzen läßt. Nur der winzige Fächer ist in Sonnenlicht getaucht, durchsichtig und glühendrot, der Chinese selbst bleibt im Dunkel. Eines nach dem anderen in immer schnelleren Bewegungen mit unglaublich flinken Fingern fächert er die Zaubergebilde auf: Schirmchen,

Männchen, Girlanden, Monde und Sonnen und vielfarbige Regenbogen.

Der Chinese lächelt hinter seinen Kunstwerken, ich kann das Lächeln spüren.

„Kaufst du mir den blauen Mond?" frage ich Großvater.

„Na gut. Einen Mond bitte."

Der Chinese legt den grottenblauen Mond in meine Hand, er verbeugt sich tief, so tief es sein Bauchladen ermöglicht.

„Ich komme im nächsten Monat wieder", sagt er leise und entschwindet.

Rausgeschmissen

Es ist eigenartig. Wenn Großvater nicht im Geschäft ist und ich mich durch Zufall für kurze Zeit allein in dem riesigen Raum befinde, wächst er ins Unermeßliche. Mir kommt vor, als würde sich das Licht verdunkeln, die Mauern rücken näher, das Gewölbe senkt sich auf mich herab, und die Gegenstände nehmen eine bedrohliche Form an. In so einem Augenblick bin ich sicher, daß das „Magische" langsam aus dem Keller hervorkriecht, auf mich zuschleicht und mich umkreist. Mich und alles in diesem Raum. Dann laufe ich zum Eingang, stelle einen Fuß auf den Gehsteig, bereit zum Davonlaufen.

Da erkenne ich schon von weitem seinen energischen Gang, seine breite Gestalt: Großvater hat nur Zigaretten aus der Trafik geholt. Er ist wieder da. Der Raum zieht sich zurück, das „Magische" entschwindet, und ich bin wieder in mir und neben Großvater.

Doch heute hat Großvater selbst nach Geschäftsschluß keine Zeit für unser Buch und eine Schiffahrt auf dem stürmischen Meer.

„Ich muß noch die Fahnen für die nächste Ausgabe unserer Zeitung lesen, da brauche ich Ruhe", sagt er.

Als ich das erste Mal von den Fahnen gehört habe, ist mir die Flagge von Amerika eingefallen, aber dann hat mir Großvater erklärt, daß es bei diesen Fahnen um einen Text geht, der auf langen flattrigen Papierstreifen gesetzt wird. Erst nach dem Korrigieren werden sie zu Seiten geschnitten.

Es zieht mich hinauf zur Galerie auf meinen Lauschposten. Aus dem Stiegenhaus strömt ein leichtes Säuseln und Rauschen, niemand kommt, niemand geht. Doch plötzlich ... plötzlich höre ich ein ganz anderes Geräusch. Es überfällt mich. Lange ist nichts mehr vom Schlachthof herübergedrungen. Da! Zuerst ein ängstlich hohes Quieken, dann schrill und heiser zugleich von vielen dichtgedrängten Schweinen. Meine Sinne fangen die Töne auf, ich halte den Atem an, ich bin wehrlos.

Das Messer, das Blut.

Großvater sitzt über seinem Text vertieft, unnahbar.

Und mit einem Mal blitzt ein Bild durch meinen Kopf, ich sehe mich im Krankenhaus. Damals war ich vier. Ich weiß noch genau, wie es war: Das weiße, mit Äther getränkte Tuch, das auf mein Gesicht zukommt, näher und näher. Und ich kann nichts dagegen tun. Ein erstickender Geruch strömt von dem Tuch aus, der mich langsam betäubt ...

„Zählen mußt du, Daniel, zählen!" befiehlt eine fremde Männerstimme über mir.

„Eins, zwei, drei, vier ...", sagt mir die Stimme vor. „Dann schläfst du ein und spürst gar nichts."

Ich zähle, leise, halte mich an den Zahlen fest: „Eins, zwei, drei, vier ... fünf ... sechs ... sieben ..." Ich stocke. Ich will nicht aufhören. „Acht ... neu...n ... z..."

Ich will nicht einschlafen! Ich will nicht weg sein! Die Eltern sind schon längst nicht mehr da, die haben mich ... Dann geschieht es doch. Das Tuch deckt mich zu. Wie ein dumpfer lähmender Schlag.

Einige Zeit darauf wache ich in dem weißen Krankenzimmer auf, der Hals ist eine einzige Wunde, als hätte ich Glasscherben darin, bei jedem Schlucken dieser spitze, unerträgliche Schmerz.

Hände, die mir eine weiße, abgeschlagene Schüssel unter das Kinn halten, Eiswürfel darin. „Die mußt du lutschen, das stillt die Blutung."

Doch ich spucke Blut, viel Blut, alles ist rot vor meinen Augen. Es ist *mein* Blut, das da drinnen in der großen Schüssel bin ich.

Weit hinter dem weißen Rand des Gefäßes stehen zwei Gestalten, Mama und Papa sind da. Sie lächeln. Ihr Lächeln erreicht mich nicht.

„Es wird bald alles gut", sagen sie. „Du bist sehr tapfer."

Aber nichts ist gut. Und alles ist fremd.

Mir ist speiübel, und ich verstehe nicht, was geschehen ist.

„So", sagt der Arzt, „jetzt bist du die bösen Mandeln los. Die sind jetzt weg!"

Aber das Böse ist da, vor mir in der Schüssel, rot ist es, dunkelrot. Die Eltern beugen sich einer nach dem anderen über mich, streichen mir über den Kopf. „Jetzt hast du alles überstanden!"

Die Schweine da drüben werden morgen früh bluten, genau wie ich geblutet habe.

Da schreie ich. Schreie laut auf und zerbreche die Stille.

„Um Gottes Willen, was ist los?" Großvater springt hoch, schleudert die Brille auf den Schreibtisch.

„Was hast du denn, Daniel?" Er stürzt auf mich zu.

„Nichts ... entschuldige. Ich hab' gar nichts ... ich ..."

„Bist du verrückt, mich so zu erschrecken?"

„Ich hab' nur gerade an etwas gedacht. Du hast doch immer gesagt, wenn ich Angst hab', soll ich laut singen. Ich hab' gerade solche Angst gehabt."

„Also doch! Ja, weshalb denn, Daniel?" Großvater küßt mich auf den Kopf, auf die Stirn. Er hält mich fest.

„Ich kann's nicht sagen. Ich will nicht. Aber es ist wieder gut. Wenn ich Angst hab', sing' ich einfach."

„Du hast nicht gesungen, Daniel, du hast wie am Spieß gebrüllt", sagt Großvater. „Ich dachte, mich trifft der Schlag!"

„Eigentlich wollte ich nur meine Stimme ausprobieren, es war so still", erkläre ich plötzlich.

„Ist das wahr?"

„Ja, bestimmt."

„Dann geh für deine Übungen gefälligst das nächste Mal nach hinten!" sagt Großvater, nun ärgerlich geworden. „Dort kannst du dich ausschreien! Aber verschon *mich*, zum Kuckuck!"

Rasch verschwinde ich in Großvaters Privatraum, bevor sich sein Schreck gelegt hat und er zornig wird. Jetzt ist mir nicht mehr nach Schreien zumute, vielmehr interessiert mich der schwarze Schrank, der neben dem roten Sofa steht. Ich drehe an einem Schlüssel, der eines der großen Fächer öffnet, und schaue hinein.

Schon wieder nichts als Zeitungen! Stöße von Zeitungen! Die sind jedoch in einer fremden Sprache gedruckt und sehen ganz anders aus als Großvaters Zeitschriften. Sie sind gelb, und das Papier ist nicht glatt, sondern ein bißchen rauh. Da entdecke ich etwas, wovon mir Großvater noch nie etwas erzählt hat. Ich weiß zwar, daß er einmal aus der Schule geflogen ist, weil er oft und gerne gerauft hat. Er hat mir erzählt, daß ihn damals im Schulhof öfter so ein Junge geärgert hat.

„Frech, aber feig war der", hat Großvater gesagt. „Da habe ich ihm einmal mit der Faust die Antwort gegeben. Wohl ein bißchen zu stark. Kräftig war ich ja schon immer. Der andere war eben noch dazu ein Schwächling."

Dieser „andere" – habe ich bei mir gedacht –, der hätte auch ich sein können.

Ich renne ebenfalls davon, wenn einer stärker ist.

Daß Großvater als Bub gerne gerauft hat, weiß ich also, aber daß er ein Boxer war, davon habe ich nichts geahnt! Denn als Boxer ist er in dieser alten Zeitung abgebildet. Großvater, wie er jung war, mit Schnauzbart und Boxerkleidung im Ring. Ganz fremd sieht er aus, und doch ist er es. Verblüfft lasse ich mich mit meiner Entdeckung auf dem Boden nieder. Ich glaube, die unverständliche Sprache, in der die Zeitung gedruckt ist, ist spanisch. Nach Spanien sind die Großeltern über Umwege während des Krieges geflüchtet.

Die Worte hier verstehe ich zwar nicht, aber den Namen von Großvater, den kann ich lesen.

Jetzt halte ich ein anderes gelbliches Exemplar in Händen, und wieder ist auf der Sportseite Großvater zu sehen, noch abenteuerlicher, nämlich als Gewichtheber! Ungläubig starre ich die beiden Bilder an. Mein Großvater war also berühmt, denn nur berühmte Leute kommen in die Zeitung.

Doch warum hat er mir nie etwas davon erzählt?

Meinen Fund muß ich ihm zeigen. Jetzt gleich! Ich springe hoch, renne durch den Gang, nach vorne ins Geschäft. Ich schmeiße Großvater die Zeitungen vor die Nase auf den Tisch.

„Das ist ja toll, Großvater! Das bist doch du, oder? Wieso hast du mir nie etwas davon gesagt?"

„Siehst du nicht, daß ich mitten in der Arbeit bin! Sag, was hast du denn heute?"

Großvater drückt mir zu meiner großen Enttäuschung die beiden Zeitungen wieder in die Hand, als wären sie Schulhefte ohne Bedeutung.

„Leg sie bitte schnell zurück in meinen Schrank und wühl dort nicht herum!"

Ich trage die kostbaren Zeitungen jedoch nicht zurück. Es sind ja viele dieser Veröffentlichungen vorhanden, Großvater würde sie nicht nachzählen. Vielmehr wickle ich sie heimlich in Packpapier und lasse sie vorsichtig in meine Schultasche zwischen die Bücher gleiten.

„Bleib da, wir gehen bald", sagt Großvater. „Aber brüll nicht wieder und knall mir nichts auf den Tisch!"

Also bewache ich meine beiden Schätze und ziehe ein Säckchen Brausepulver aus meiner Hosentasche, reiße es auf und lasse die feinen orangefarbenen Körnchen auf meinen Handteller rieseln.

Ich schlecke das Pulver direkt von der Haut. Es prickelt und schäumt ein bißchen, es sticht auf der Zunge. Es schmeckt wunderbar süß und sauer zugleich. Zwar sollte ich das Pulver besser in Wasser auflösen und warten, bis es hochzischt, doch in konzentrierter Form ist es unvergleichlich. Mein Mund ist noch ausgefüllt von dem Brausepulvergeschmack, da betritt ein Mann unser Geschäft. Er ist groß, hat ein kräftiges Kinn und einen Backenbart. Er trägt einen Stoß zusammengefalteter Hemden herein. Großvater hat sich beim Hemdenschneider neue Kragen nähen lassen.

„Sie arbeiten also auch noch so spät?" stellt Großvater zunächst freundlich fest – bis sein Blick auf den obersten blauweiß gestreiften Stoff fällt, über das darunter liegende Beige gleitet.

„Das sind nicht meine Hemden!"

„Wie bitte? Was heißt denn das?"

„Das, was Sie soeben gehört haben!"

„Sie werden doch noch Ihre eigenen Hemden erkennen!"

„Die *eigenen* schon!" sagt Großvater deutlich lauter. Seine Oberlippe zuckt verdächtig. „Dazu warte ich drei Wochen, daß Sie mir erst die falschen Sachen bringen!"

„Die gehören Ihnen", wiederholt der Mann stur und legt das Paket auf unserem Verkaufspult ab. „Ihr Name steht auf diesem Zettel drauf."

„Ich hab' noch nie ein blauweiß gestreiftes Hemd besessen, zum Kuckuck! Nehmen Sie Ihre Ware augenblicklich wieder mit!"

Ich mache mich ganz klein, Großvater aber wird in seiner Wut immer größer. Ich zerreibe hilflos Brausepulverreste in meiner Hosentasche, sodaß die Finger ganz klebrig davon werden.

„Sie haben, verdammt noch einmal, die Hemden bestellt, ich habe sie genäht, und jetzt will ich mein Geld!"

„Jetzt wird es mir aber langsam zu blöd!" brüllt Großvater los. „Verschwinden Sie, bevor ich Sie eigenhändig zur Tür hinaussetze!"

„Das möchte ich sehen!" Der Mann lacht spöttisch auf.

Da läuft Großvater in Windeseile um das Pult, packt den Kerl am Kragen und hebt ihn mit einem Ruck hoch, sodaß sein Hals im Hemdausschnitt verschwindet.

Der Mann reißt Mund und Augen auf, da hat ihn Großvater schon vor die Tür gesetzt. Das Paket drückt er ihm in die Hände.

„Früher hätte mir so einer begegnen sollen, als ich noch jünger war!" sagt Großvater schnaufend und stützt sich auf das Pult. Ich zittere, doch der Mann ist samt den Hemden weg, und Großvater erholt sich langsam.

„Die Welt steht nicht mehr lange, wenn es solche Idioten gibt", sagt er. „Will mir fünf falsche Hemden andrehen! Und unsere Zuckerlfrau redet mir neuerdings ein, daß ich gerne Lakritzen esse! Jetzt glauben die Leute bereits, sich in meinem Bauch auszukennen!"

Plötzlich lacht Großvater befreiend auf, während ich mich nicht mehr zu rühren wage. Jetzt kommt womöglich noch heraus, daß ich wegen der dummen Lakritzen geschwindelt habe. „Kannst dich wieder bewegen, Daniel. Brauchst dich nie zu fürchten, wenn ich da bin!"

„Zumindest weiß ich jetzt, woher du so eine Kraft hast."

„Darüber wollte ich noch mit dir reden. Es gefällt mir ganz und gar nicht, daß du in meinen Privatsachen herumschnüffelst", sagt Großvater, wieder ernst geworden.

„Entschuldige. Aber warum hast du mir nie etwas davon erzählt, daß du Boxer und sogar Gewichtheber warst?"

„Das war nur ein kurzer Abschnitt und eine abenteuerliche Zeit. Während des Krieges hab' ich viele Leben gelebt, so kommt es mir jedenfalls vor, das habe ich dir schon einmal gesagt. Vielleicht wollte ich so manches vergessen, vielleicht hätte ich es dir später einmal erzählt. Jedenfalls ist es mir lieber, du überläßt *mir* den Zeitpunkt."

Großvater läßt sich schwer in seinen Sessel fallen.

„Weißt du was, Daniel? Ich merke doch, daß ich älter werde.

Bevor wir nach Hause fahren, ruhe ich mich zehn Minuten oben auf der Galerie aus. In meinem Zimmer ist mir zu kalt."

Ich klettere hinter Großvater die Treppe hoch, er legt sich auf das meerblaue Sofa, schließt die Augen. Ich setze mich an meinen Tisch und lese. Der grüne Vorhang bewegt sich nicht, der Unheimliche ist aus der Geborgenheit von Großvater und mir in eine ferne Dimension entschwunden, er ist wie ausgelöscht.

Bald beginnt Großvater hinter mir zu schnarchen.

Er träumt sich weg, in seinen Schlaf hinein, und läßt mich allein in dem großen leeren Geschäft und der jetzt verlassenen Straße. Ich rücke näher zu ihm, lege vorsichtig und leicht wie eine Feder meine Hand auf sein Haar. Denn das ist etwas, was ich normalerweise nicht darf. Niemandem ist es erlaubt, Großvaters schönes dichtes Haar zu berühren. Es ist seidig grau und glänzt in feinen Wellen. Großvater besitzt sieben Kämme, für jeden Tag einen. Sonntags wäscht er sie alle und legt sie einzeln auf einem Handtuch zum Trocknen auf das Fensterbrett.

Meine Finger rutschen vom Haar zum Ohr.

„Nimm deine Hand weg", murmelt Großvater. „Sonst kann ich meine Träume nicht hören."

Dann steht er sehr langsam auf, und wir fahren nach Hause.

Der Eindringling

Zu Hause erzähle ich stolz, wie Großvater einen Mann am Kragen gepackt und vor die Tür gesetzt hat. Und Vater sagt: „Mit Großvater ist nicht gut Kirschen essen, aber das ist keine Art. Ein Glück, daß du nie so stark sein wirst, um so etwas zu machen."

„Wie willst *du* denn wissen, wie stark ich einmal sein werde?"

„Das sieht man, und besonders mutig bist du auch nicht gerade, oder?"

Der Papa kennt meine Kräfte nicht! Er lächelt, aber in mir friert das Lächeln ein.

„Du bist schon in Ordnung, so wie du bist!" sagt die Mama schnell. Sie greift nach meiner Hand. Heftig ziehe ich sie weg.

„Der Papa meint es nicht so, kränk dich nicht!"

Was heißt kränken? Eine Wut habe ich. Hinter meinem Bett, in der linken Ecke, wo die Tapete schon abgeschabt ist, male ich ein kleines Strichmännchen. Es fällt um.

Da kommt Vater herein und übergibt mir ein Kalenderblatt, auf dem ein Spruch steht: *Wer lächelt, statt zu toben, ist immer der Stärkere.*

„Du kannst diese japanische Weisheit morgen Großvater geben", sagt er.

Als ich Großvater das Blatt am nächsten Nachmittag auf seinen Schreibtisch lege, sagt er bloß: „Dein Vater kann sich diese Weisheit an den Hut stecken. Erstens bin ich kein Japaner, und zweitens sollen die Leute lieber aufpassen, daß sie mich nicht ärgern. Außerdem sind nur die Menschen weise, die sich im Leben zu helfen wissen."

„Oder anderen helfen", mischt sich der Herr Leo ein. „Aber auch da ist man bei deinem Großvater gut aufgehoben", fügt er hinzu. „Stell dir vor, vorgestern kommt so ein weinendes Kind zu uns herein und ..."

„Schon gut, schon gut!" unterbricht ihn Großvater. „Wir haben noch was zu tun, außer Geschichten zu erzählen – gleich wird die Zeitung geliefert, und hier ist der Teufel los!"

„Ich will aber wissen, was mit dem Kind war, Großvater!"

„Später!"

In diesem Augenblick werden eines nach dem anderen die großen schweren Zeitungspakete hereingetragen. Beim eiligen Auspacken und Zählen bin ich bloß im Weg.

„Ich geh' für die Mama zur Repassiererin", sage ich. Die Repassiererin kann die kaputten Perlonstrümpfe richten, indem sie geschickt die Laufmaschen aufnimmt.

„Bring auch bitte aus der Drogerie Seifenflocken", trägt mir Großvater auf.

Ich mache gerne Wege. Und Umwege auch. Erst einmal spaziere ich über den Markt und werfe einen Blick auf die nahen Hügel. Wie es wohl hinter den Hügeln aussehen mag? Dort, wo die große weite Welt beginnt? Zwar meint Großmutter, hinter den Hügeln wäre wieder nur eine Stadt, eine kleinere als Wien, mit einem Markt und einem Kirchturm und Häusern, und dann kämen abermals Hügel und so fort. Doch Großvater sagt: „Weißt du, Daniel, wenn man immer geradeaus geht, über alle Hügel drüber, über die Türme und die Dächer der Häuser, die Gärten und die Wipfel der Bäume, dann gelangt man ans Meer. Dort besteigt man ein Schiff und fährt in die große weite Welt. Die große weite Welt ist in Wirklichkeit ganz nah!"

Erst trage ich die Strümpfe zum Richten, dann besorge ich die

Seifenflocken. Die Drogerie ist klein. Drei Seifensorten: grün, blau, rosa. Putzmittel. Toilettepapier. Ein einziges Regal mit duftenden Fläschchen.

„Kannst deinem Großvater ausrichten, wenn die Oma Geburtstag hat, habe ich das gewünschte Eau de Toilette besorgt."

„Was? Ein Klowasser hat die Großmutter bestellt?"

„Nein, nein. Das heißt nur so. Sag halt einfach, das Parfum ist da."

Hoffentlich ist es das richtige, und Großvater geht es nicht so wie mit den Hemden und den Lakritzen ...

Auf dem Rückweg fällt mir eine Gestalt auf, die an der Straßenecke lehnt. Mein Herz pocht wie wild. Da ist er wieder! Und ich muß an ihm vorbei, er hat mich gesehen, er zieht mich heran, wie die Spinne ihre Beute.

Hände haben wie Großvater! Den Unheimlichen am Kragen packen und ihn anbrüllen, daß er mich in Ruhe lassen und es nicht wagen soll, jemals wieder aufzutauchen.

Wie ein Roboter setze ich einen Fuß vor den anderen, immer näher komme ich, da wendet die Gestalt den Kopf von mir ab. Als ich jedoch in Greifweite bin, streckt sie mir urplötzlich den Arm entgegen, öffnet eine rote schwielige Hand. Ich springe zur Seite; gleich darauf höre ich, wie jemand eine Münze fallen läßt. Erst jetzt entdecke ich den Hut am Boden. Und doch werde ich das Gefühl nicht los, daß dieser Bettler niemand anderer als der Unheimliche ist, der sich verwandelt. Und abends löscht das Magische in unserem Kohlenkeller seine Umrisse aus ...

Diesmal merkt Großvater nicht, daß ich länger weg war, er ist zu sehr mit der Zeitung beschäftigt.

„Schneller, schneller, meine Herrschaften, sonst werden wir im nächsten Jahr fertig!" feuert er den Herrn Leo, die Paula und die Frau Keller an.

Lieber drücke ich mich, ich kann diese Hektik nicht leiden, und an so einem Tag mache ich es ohnehin keinem recht.

Ich verschwinde durch die Zaubertür in die Stille des dunklen Ganges hinein, lege kurz mein Ohr an das Schlüsselloch zur Kellertür, höre meinen Herzschlag im Kopf. Endlich schließe ich mich in Großvaters Zimmer ein. Eigentlich wollte er mir heute, wie jeden letzten Freitag im Monat, die Haare schneiden, doch er hat nicht damit gerechnet, daß die Zeitungen einen Tag früher als versprochen geliefert werden. Nun gehört der Drehstuhl vor dem schwarzen Lacktisch mit dem Geheimtelefon mir. Ich schwinge nach links und nach rechts, immer heftiger, bis mir schwindlig wird.

Da klopft es an die Fensterscheibe.

Ich fahre hoch.

„He, Daniel, bist du da drin?"

Das ist Sidonies Stimme. Einen Augenblick lang bleibe ich bewegungslos sitzen. Die Lakritzen! schießt es mir durch den Kopf. Zum Glück habe ich heute meine Schultasche hier abgestellt. Ich taste im Seitenfach nach dem Säckchen, ziehe es hervor. Es sieht bereits aus, als wäre es von einem Auto überrollt worden. Eilig lasse ich es in meiner Hosentasche verschwinden.

Das Klopfen wird böse. „Ich seh' dich doch! Warum kommst du nicht?"

„Ich bin da!" Ich bewege mich so ruhig wie möglich in Richtung Fenster, öffne es.

„Darf ich immer noch nicht rein?" fragt Sidonie.

„Nein. Hier nicht. Wieso bist du überhaupt hier?"

„Stell dir vor, ich bekomme zu meinem Geburtstag ein Tier. Bei euch um die Ecke gibt es doch so ein großes Zoogeschäft."

„Hast du heute Geburtstag?"

„Nein. In zwei Wochen, aber ich darf mir aussuchen, welches Tier ich haben möchte."

„Und? Was wünschst du dir?"

„Ich kann mich nicht zwischen Meerschweinchen und Schildkröte entscheiden."

„Wieso nicht?"

„Wenn das Meerschweinchen stirbt, bin *ich* traurig, weil die Meerschweinchen höchstens zehn Jahre alt werden, und wenn ich sterbe, ist die Schildkröte traurig. Die werden nämlich zweihundert!"

„Ich hätte gerne einen Schäferhund, aber die Eltern haben ja nicht einmal Zeit für mich, geschweige denn für ein Tier."

„Du tust mir leid."

„Ich brauch' dir nicht leid zu tun, ich hab' ganz was anderes als einen Schäferhund!"

„Was denn?"

„Du würdest es ja doch nicht verstehen, es ist ... eine Art Geheimnis."

„Dann behalt dein Geheimnis! Bei dir ist wohl alles geheimnisvoll. Das blöde Zimmer, in dem du da sitzt, und die Sachen, die du hast. Spielen wir jetzt oder nicht?"

Diesmal hüpfe ich geschickter aus dem Fenster.

„Spielen wir Tempelhüpfen?" schlägt Sidonie vor. „Ich habe ein Stück Kreide aus der Klasse mitgehen lassen."

„Und ich hab' einen Ziegelsteinsplitter bei einer Baustelle gefunden. Der schreibt rot, der ist auch gut."

„Ich male die Kästchen und den Himmel, und du darfst mit dem roten Stein die Zahlen und die Hölle malen. Den Stein verwenden wir dann gleich zum Werfen."

„Ich beginne", sage ich. Mein Stein fällt auf die Zwei, das ist leicht.

Sidonies Stein landet auf Nummer fünf. Sie springt unglaublich schnell von einem Rechteck zum anderen. Erst auf einem Bein, dann auf zwei, dann wieder auf einem. Plötzlich knickt sie um.

„Auuhh!" schreit Sidonie auf und bleibt auf dem Boden liegen.

Erschrocken eile ich hinzu, reiche ihr die Hand, helfe ihr hoch. Sidonie hält sich den Rücken. Sie stöhnt.

„Ich bin auf mein Scheißbein gefallen!"

„Steißbein heißt das."

„Stimmt nicht. Es ist der Knochen ganz unten, ich weiß genau, wie man ihn nennt!"

Warum glaubt mir Sidonie nicht? Ich habe viele tausend Bücher rund um mich und noch mehr Wörter. Wir streiten so laut, daß sich plötzlich eine braune Tür im Hof öffnet. Eine Frau mit Kopftuch und Besen schreit: „Wer hat euch erlaubt, den Hof hier vollzuschmieren?"

„Der ist gar nicht vollgeschmiert, bloß ein bißchen", behauptet Sidonie und deutet auf die Umrisse unserer Kreidezeichnung.

„Das hier ist kein Spielplatz!"

„Leider", murmelt Sidonie.

„Was hast du gesagt?" Die Frau kommt in drei drohenden Schritten auf sie zu.

„Wir werden uns beim Großvater vom Daniel beschweren!" sagt Sidonie frech. „Der ist hier der Chef!"

„*Wer* ist hier der Chef?" Die Stimme der Frau überschlägt sich. „Der Hausmeister hier bin ich. *Ich* sorg' für den Hof und das ganze Haus und sonst keiner!"

„Komm", flüstere ich Sidonie zu. „Bloß weg hier! Wir verschwinden in unsere Buchhandlung."

„Ich hab' keine Lust auf Bücher."

„Du mußt nichts lesen. Unser Geschäft ist sehr groß. Ich kann dir ein paar interessante Sachen zeigen."

Das Durcheinander hat sich noch nicht sehr gelegt, doch der Herr Leo ist schon mit einem Taxi voller Zeitungen auf die Post gefahren. Großvater sitzt wieder an seinem Tisch und überarbeitet Manuskripte. „Bringst du heute endlich wieder deine kleine Freundin mit!" stellt er fest, als wir eintreten.

Ich laufe tiefrot an, am liebsten möchte ich sofort wieder hinauslaufen.

„Ich bin nicht seine Freundin! Ich bin nur das Nachbarskind. Und nur heute", widerspricht Sidonie.

„Ich kenne dich ja", meint Großvater lachend. „Wir haben doch schon gemeinsam Eis gegessen."

„Kaufen Sie uns heute wieder ein Eis?" Und Sidonie wird nicht einmal rot!

„Ich habe gerade sehr viel zu tun, wie du hier siehst, aber mein Enkelsohn kann später mit dir zum Eisstand gehen. Komm nur weiter. Daniel wird dir zeigen, wo ihr spielen könnt."

Als würde ich hier jemals spielen! So etwas Kindisches. Ich komme mir richtig klein und blöd vor. So klein und blöd, als wäre ich neben Sidonie geschrumpft.

Nichts gilt mehr.

Das Geschäft ist bloß ein Geschäft mit vielen dummen Büchern, und Großvater hat vergessen, wer ich wirklich bin.

Sidonie ist ein Eindringling, der alles kaputt macht.

„Sag mal, nennst du das spielen?" Sidonie flüstert, weil nun jeder in diesem Raum wieder still in seine Tätigkeit vertieft scheint. Sie tritt ungeduldig von einem Bein auf das andere. „Hier muß man ja genauso leise sein wie bei meiner Mutter drüben!"

Da kehrt Herr Leo von der Post zurück, bleibt im Eingang stehen, als er Sidonie und mich erblickt.

„Oh, wen haben wir denn da?" ruft er mit breitem Lächeln aus und klatscht noch dazu in die Hände. „Ein kleines hübsches Fräulein, wie heißt du denn?"

„Sidonie", sagt Sidonie mit verschlossenem Gesicht.

„Das ist aber schön, daß du uns besuchen kommst. Der Daniel ist nämlich immer ganz allein hier und ..."

„Ich bin überhaupt nicht allein!" unterbreche ich Herrn Leo wütend. Leider fällt mir nichts Besseres zu meiner Verteidigung ein.

„Aber deine Großmutter sagt doch auch immer, daß du Kinder brauchst, das ist doch ganz normal!"

Beinahe möchte ich wieder schreien. So laut, daß alles hier zusammenfällt. Statt dessen packe ich Sidonie am Arm und zerre sie hinaus.

„Wir gehen *jetzt* schon ein Eis essen!" erkläre ich.

„Sag' einmal, redet ihr immer so komisch bei euch da drinnen?"

„Nein. Nur der Herr Leo, der ist sehr altmodisch und höflich und ist zu jeder Spinne freundlich."

„Ich bin aber keine Spinne."

„Hab' ich auch nicht behauptet."

„Doch! Eben gerade!"

„Das hab' ich anders gemeint."

Eine streitsüchtige Gans bist du, hätte ich am liebsten gesagt, weil mir Sidonie, von dem Moment an, wo sie den Fuß in unsere Buchhandlung gesetzt hat, mächtig auf die Nerven geht. Nichts beeindruckt sie. Nicht einmal unser Gewölbe, das fast so hoch ist wie der Himmel.

Und ich kann sie schon gar nicht mehr beeindrucken. Nicht nach all den Lächerlichkeiten, die Großvater und besonders der Herr Leo von sich gegeben haben.

Da fällt mir genau vor dem italienischen Eisstand etwas ein, was meine Lage ihr gegenüber verbessern könnte.

„Tu parlare italiano?" frage ich lässig.

„Si", antwortet Sidonie, ohne zu zögern. „Aber du nicht. Es heißt nämlich ‚tu parli' italiano!"

„Wieso weißt du das?" frage ich betreten.

„Die Frau von meinem Onkel ist eine echte Italienerin. Die redet wie ein Wasserfall italienisch. Ich versteh' nicht alles, aber ein paar Worte kann ich schon."

Sidonie rinnt Himbeereis von der Unterlippe über das Kinn. Sie sieht nicht einmal mehr hübsch aus. Jetzt fängt sie den Tropfen mit dem Zeigefinger auf, hält ihn mir hin.

„Nein, danke", wehre ich ab. „Ich weiß mir was Besseres."

„Besser sind nur Lakritzen!"

Da greife ich in meine Hosentasche. „Hier!" sage ich nicht ohne Stolz.

Sidonie öffnet mißtrauisch das zerknitterte Säckchen, schaut hinein und lacht. Die Lachpünktchen tanzen in ihren Augen, genau, wie ich es mir vorgestellt habe, und verscheuchen meinen Ärger wie durch ein Zauberzeichen.

„Sind die für mich?"

„Für wen denn sonst? Ich hab' mir gedacht, für einen deiner vielen Nicht-Geburtstage."

Da landet etwas feucht und klebrig auf meiner Nasenspitze. Es ist ein Kuß von Sidonie.

„Wenn du ihn wegwischst, gilt er nicht!" sagt sie. „Fortwischen darf man nur die nassen Küsse von meiner Unke."

„Wie bitte?"

„Hab' ich's dir nicht erzählt? Ich hab' daheim eine dreibeinige Gelbbauchunke. Die haben wir einmal verletzt gefunden, und jetzt lebt sie in unserem Terrarium. Sie hüpft sogar ein bißchen."

Was würde Großmutter sagen? „Jeder, der zu uns hereinkommt, ist nicht ganz normal. Nicht einmal die Unken."

Der Zwischenfall

Als wir zurückkehren, ist es später Nachmittag. Sidonie muß zu ihrer Mutter.

„Vielleicht vergess' ich wieder einmal meine Schlüssel oder hab' Lust, mir die Tiere im Zoogeschäft anzuschauen", sagt Sidonie. Bevor ich noch etwas antworten kann, ist sie weg. Die grauen Glitzeraugen aber sind noch lange da.

Bei uns versieht der Herr Leo noch immer unermüdlich einige der vielen hundert Zeitungsexemplare mit Adressen, um sie zur Post zu führen. Die andern sind alle schon fort.

„Genug für heute", sagt Großvater und schiebt einen hohen Stoß Zeitungen von sich. Er streckt sich und reibt sich die Augen. „Gehen wir eine Partie flippern", sagt er leise zu mir. „Zum Entspannen nach so einem Tag!"

Vor dem Flippern spazieren wir noch zum Markt und an den bunten Ständen vorbei. Großvater steuert auf verlockend aussehende Weintrauben zu. Beim Anblick des Verkäufers versetzt es mir einen Stich. Dieses Gesicht strahlt etwas Unangenehmes aus, es wirkt wie eine Grimasse; der Mund lächelt, doch die Augen bleiben ernst und kalt.

„Kauf nicht da!" raune ich Großvater hastig zu.

„Wieso denn nicht, die Trauben sind doch wunderschön?"

„Ich hab' woanders billigere gesehen!"

„Dann schmecken sie auch nur halb so gut."

Ich ziehe Großvater heftig am Ärmel. „Komm. Gehen wir!"

„Was hast du denn auf einmal?"

„Ich glaube, der wohnt in unserem Haus!" flüstere ich.

„Na, das wär' doch ein Grund, gerade hier zu kaufen!"

Eben bedient der Mann eine dicke laute Frau, er greift mitten in die Trauben, die Hand steckt in einem viel zu großen Lederhandschuh mit groben weißen Nähten und narbiger Lederhaut, genau so einem, wie der Herr Leo und ich im Geschäft gefunden haben.

„Warum gehst du nicht einfach zu dem Obststand, wo man dich schon kennt?" frage ich Großvater ungeduldig.

„Also meinetwegen! Aber verstehen tu' ich die ganze Angelegenheit nicht! Ist dir der Mann unsympathisch?"

„Ja! Etwas sagt mir, daß wir hier weg sollen!"

„Wenn du meinst. Vielleicht hast du einen sechsten Sinn. Oder du liest doch zu viele unheimliche Bücher und bist schon angesteckt vom Herrn Leo!"

Als wir uns dem schönsten Obststand vom ganzen Markt nähern, ruft die Besitzerin schon von weitem: „Kommen Sie, Herr Doktor, kosten Sie, wir haben heute die rundesten Äpfel und die glänzendsten Trauben!"

„Ich hab' Ihnen schon hundertmal gesagt, daß ich kein Doktor bin", betont Großvater.

„Es macht doch keinen Unterschied, gebildet sind Sie so und so. Lassen S' mir die Freude. Wenn ein Doktor bei mir kauft, kommen auch die anderen Leut' gern!"

Dann darf ich eine Traube kosten und in den geschenkten Apfel beißen. Und weil es mir schmeckt, kauft Großvater gleich ein ganzes Kilo von jeder Sorte.

„Gehen wir jetzt endlich flippern?" frage ich Großvater.

„Ehrensache! Aber wir schauen noch einmal kurz ins Geschäft, sonst bleibt der Herr Leo bis Mitternacht. Ich sperr' am besten selber zu und schick' ihn heim."

„Sie sind ja schon ganz grün und gelb im Gesicht, Herr Leo. –
Jetzt ist aber Schluß!" befiehlt Großvater.

„Wahrscheinlich seh' ich jetzt aus wie meine Großmutter, als
sie die Gelbsucht hatte", meint Herr Leo scherzend. „Weißt du,
was man damals gemacht hat, Daniel? Es gab da einen Brauch,
da hat man einen Tag lang ein Paar Tauben auf den nackten Bauch
der Kranken gesetzt. Die Tauben konnten manchmal die Krank-
heit wegnehmen. Sind sie gestorben, war der Mensch gesund.
Und genauso ist es gewesen!"

„Pfui!" sage ich.

„Na ja, leid haben mir die Viecher auch getan, aber wenn ich
die Wahl hab' zwischen der Großmutter und den Tauben ..."

„Aber jetzt haben Sie keine Wahl, Herr Leo. Abmarsch nach
Hause, und ruhen Sie sich ordentlich aus! Übrigens ... Sie wissen
doch immer alles. Kennen Sie jemanden in unserem Haus, der am
Markt einen Obststand hat?"

Der Herr Leo in seinem schwarzen Kittel, mit seinen schwarzen Haaren und den schwarzen Augen schaut mich lange an, als
ahnte er, was ich ahne.

„Nein!" Er schüttelt langsam den Kopf. „Ist was passiert?"

„Es muß nicht immer gleich was passieren, aber mein Daniel
hat ..."

„Gar nichts habe ich", unterbreche ich Großvater sehr bestimmt. „Ich hab' mich geirrt."

„Manchmal", sagt Herr Leo und schaut mich dabei immer noch
an, „manchmal glaubt man, überall jemanden zu sehen, und doch
ist es nie derselbe."

Plötzlich höre ich ein Geräusch vom Gang her. Sehr leise ist es,
doch ich erkenne es.

Das Haustor wird geöffnet, jemand betritt den Gang.

„Ich räum' meine Sachen zusammen", sage ich hastig und hu-
sche um den Mauervorsprung, die Treppe zur Galerie hinauf, wo
sich mein Lauschposten befindet. Ich presse das Ohr an die Milch-

glasscheibe, stechend kalt ist das Glas. Eine gespannte Unruhe erfaßt mich, etwas umkreist mich dicht, immer dichter. Jetzt öffnet sich auch im oberen Stockwerk eine Tür, während die festen Schritte vom Gang her in meine Richtung kommen und das Haustor unendlich langsam zuschwingt, knarrend wie ein alter Baum im Wind. Es ist, als wiederholte sich eine Szene in genau derselben Abfolge.

Diese Stimme kenne ich. Es ist die tiefe Männerstimme, die damals vom Unheimlichen geredet hat.

„Na, wie ist Ihnen jetzt?"

„Leichter ist mir", antwortet die hohe Stimme. „Sehen Sie. Sie haben ihn doch nicht umbringen müssen!"

„Wenigstens ist so einer wieder hinter Gittern, wo er hingehört!"

„Und das schon seit mehr als einer Woche, deshalb haben sie ihn auch nicht mehr im Haus sehen können. Und so leicht kommt der nicht wieder raus!"

Leise wie eine Katze haste ich die restlichen Stufen hinauf zur Galerie, zum Vorhang, zum Loch, das jetzt nichts als ein tiefes Loch im Boden ist. Zum ersten Mal wage ich mich hinter das Schlammgrüne, dicht an den Rand vom Schwarz, schaue über das Schwarz gebeugt hinein. Morgen nehme ich eine Taschenlampe mit, morgen gilt kein Verbot mehr, morgen suche ich mir hier selbst einen Unterschlupf, vielleicht mit einem Buch, als geheimster Ort, wo mich keiner findet ...

„Wenn du willst, können wir ruhig bei dem Obststand von dem Mann die Trauben kaufen", sage ich zu Großvater, als wir das Geschäft verlassen. „Ich hab' mich geirrt."

„Nein, nein", meint Großvater da. „Der erste Eindruck ist meistens der richtige. Folg nur deinem Instinkt, der wird dich schon führen! Mir hat mein Instinkt im Krieg mehr als einmal das Leben gerettet."

Endlich sind wir im „Schwarzen Adler". Dort ist Freitag gegen

Abend immer jeder Tisch besetzt. Vor der Schank hat sich eine zweite Reihe Durstiger gebildet. Es liegt mehr Weindunst als sonst in der Luft. Gerade wird unser Apparat frei.

Großvater wirft ein Geldstück in die Luft: „Kopf oder Adler, wer beginnt?"

„Adler", antworte ich.

„Kopf", sagt Großvater und gewinnt.

Langsam versinkt alles um uns, die Stimmen verwandeln sich in fernes Brausen, der Rauch umfängt uns wie feiner Nebel. Das Klingeln in unserem Apparat übertönt das Klirren der Gläser.

Da gewinnt Großvater einen Freiball.

„Für dich!" sagt er und überläßt mir die nächste Runde. Da ruft ihn jemand von einem der Tische zu sich. „Macht es dir etwas aus, wenn ich dich hier eine Weile allein lasse? Ich setz' mich ein bißchen dort rüber."

Nichts macht es mir aus. Mir macht überhaupt gar nichts mehr etwas aus! Großvater überläßt mir einige Münzen, und der Flipperapparat gehört mir.

Fast jeder hier in diesem Lokal weiß, daß ich zu Großvater gehöre, keiner stört mich, keiner nimmt mir mein Spiel.

Schnell rollt die Kugel, ich komme hinter ihre Tücken, ich bin noch schneller. Jetzt! In der nächsten Sekunde hat sie mich wieder überlistet, ich bewege die Flipperhebel wie sonst. Ich hab' es geschafft, sie ist wieder im oberen Spielfeld, diesmal lasse ich sie nicht durch.

Erst merke ich es nicht, so dicht ist mein Gesicht über dem Glas, unter dem die Kugel dahinjagt. Immer beißender dringt der Zigarettenrauch in meine Augen. Ich kneife sie zu, drücke die Tränenflüssigkeit weg, verliere für einen Augenblick die Übersicht. Doch da erklingt das Zeichen für den Freiball!

Auf einmal tippt mir jemand auf die Schulter.

Ich drehe mich erschrocken um. Dicht hinter mir stehen zwei junge Männer, Typen, die ich noch nie hier gesehen habe. Der eine trägt eine dicke Lederjacke, der andere hat eine brennende Zigarette zwischen die Lippen geklemmt, deren Rauch er mir seit einigen Minuten an den Kopf geblasen hat.

„He du, Kleiner, jetzt sind wir dran!" sagt der mit der Kippe.

„Geh gefälligst zur Seite, ja!" knurrt der andere.

„Ich hab aber einen Freiball!" entgegne ich.

„Den kannst du uns gleich überlassen!" meint wieder der erste. „Los, beweg dich!"

Ich aber rühre mich nicht. Da stößt mich der andere Mann unsanft zur Seite. In diesem Augenblick sieht Großvater her. Er springt auf, kommt wütenden Schrittes auf uns zu.

„He, he! So geht das nicht, ja! Was ist da los?"

„*Wir* spielen jetzt. Ist doch klar, oder?" meint der Typ in der Lederjacke.

„Was dagegen, Opa?" sagt der andere.

„Nennen Sie mich gefälligst nicht Opa, haben Sie verstanden? Und mein Enkelkind lassen Sie hier spielen, der Bub ist mit *mir* hier!"

In dem Wirtshaus wird es merklich stiller, Großvaters gewaltige Stimme zieht alle Aufmerksamkeit auf uns.

„Lass, Großvater!" flüstere ich ihm bittend zu.

„Nichts da! Du spielst jetzt deinen Freiball!"

„Komm, gehen wir. Bitte!" Vergeblich versuche ich Großvater fortzuziehen.

„Du spielst!"

Mit zitternden Fingern ziehe ich die Schleuder, spüre die beiden Fremden im Rücken und Großvater neben mir.

Wenn er sich nun mit denen schlägt, wenn er blutend am Boden liegt, wenn ... Das hier ist keine Einbildung, das hier ist Wirklichkeit.

„Du hast wohl nicht gut verstanden, Opa", beginnt wieder derjenige mit der Zigarette, die er die ganze Zeit über im Mund behält.

„Aber *Sie* werden gleich verstehen, nämlich dann, wenn Sie bei der Tür rausgeflogen sind!" Großvaters Stimme schmettert es den beiden entgegen.

Um uns herum ist es gespenstisch still. Ich weiß, was jetzt kommt. Es darf nicht geschehen!

Plötzlich zieht Großvater zu meiner Überraschung betont langsam, wie im Zeitlupentempo, ein Geldstück aus der Hosentasche. „Sie werden warten, bis Sie dran sind", sagt er mit einemmal unglaublich ruhig, aber sehr bestimmt.

Ich habe längst zu spielen aufgehört, halte Großvater an der Hand. Der blickt den beiden ins Gesicht, geradewegs in die Augen, von einem zum anderen, weicht keinen Zentimeter von der Stelle. Als die Männer immer noch nicht gehen, macht er in drohender Haltung unvermutet einen Schritt auf sie zu.

„Geben Sie's den beiden, Chef!" erklingt plötzlich eine Stimme im Raum. Unterstützendes Gemurmel dringt von allen Seiten zu uns.

Großvater wirkt wieder furchterregend. Er wirkt wie ein Gewitter, Blitz und Donner zugleich. „Wird's bald, meine Herren! Sie kommen dran, wenn wir hier fertig sind, ist das klar?" Sehr langsam dreht er ihnen den Rücken zu und wirft das Geldstück ein. „Wir spielen!" sagt er zu mir. „Los!"

Ich drücke zitternd den Knopf, die Kugel springt vor die Schleuder. Hinter mir ist es still. Verdächtig still. Plötzlich vernehme ich mit Erleichterung Schritte, die sich langsam entfernen, höre die beiden fluchen, höre sie Richtung Tür stapfen, höre die Männer im Raum Beifall klatschen und johlen.

Einige Sekunden später ist alles wie immer. Die Menschen trinken und reden, essen und rauchen. Großvater steht neben mir und lacht.

Ich kann nicht lachen. Ich schlucke die Angst weg und drücke automatisch die Knöpfe.

„Du darfst nie Angst zeigen", sagt Großvater, ohne das Spiel zu unterbrechen. „Nicht bei solchen Typen. Das merken die genau!"

Ich bin stumm, spiele den Schrecken weg, das runde Geschoß saust wie wild unter dem Glas. Großvater sieht mir zu. Im letzten Augenblick fange ich die wilde Kugel auf, schleudere sie kräftig zurück.

„Du schaffst das auch einmal", sagt Großvater plötzlich und legt einen Arm um meine Schultern.

Und ich weiß, daß er nicht das Flippern meint.

--------------------------------- o ---------------------------------

Was gefällt dir an diesem Buch? Was nicht?
Hattest du auch einmal ein besonderes Erlebnis?
Wenn du Lust hast, mit zu schreiben, dann bitte an:

Evelyne Stein-Fischer
Jugend und Volk Verlag
Rainergasse 38
1050 Wien